CAP sur... 2

LE CARNET DE VOYAGE DE LA FAMILLE COUSTEAU

AUTRICES

Pauline Grazian   Gwendoline Le Ray   Hélène Simon   Stéphanie Pace

ILLUSTRATEUR
Robert Garcia (Gaur estudio)

ILLUSTRATRICE
Cristina Torrón

www.emdl.fr/fle
Editions Maison des Langues

SOMMAIRE

MON CAHIER

Je colle
ma photo.

Je m'appelle ....

J'ai .... ans.

DYNAMIQUE DU CAHIER

LES UNITÉS

1 Trois doubles-pages d'activités motivantes et variées pour renforcer l'apprentissage des contenus abordés dans le *Livre de l'élève*

Des consignes simples et illustrées

Une police et une mise en page adaptées aux élèves DYS

Des activités pour travailler les chansons du *Livre de l'élève*

Des activités avec des autocollants

Des activités ludiques

2 Une page pour travailler la lecture, l'écriture et la phonétique

3 Une page interculturelle

4 Une page interdisciplinaire

5 Une page d'autoévaluation

Des activités interculturelles pour approfondir les thématiques du *Livre de l'élève*

Un jeu pour stimuler l'évaluation

LES ANNEXES

6 Des pages de préparation au DELF PRIM A1

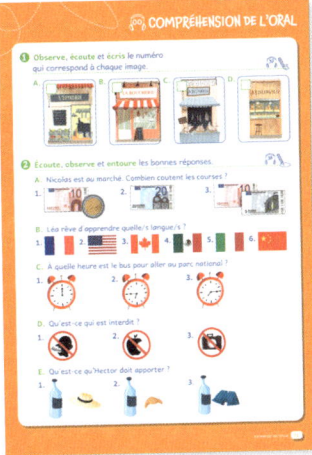

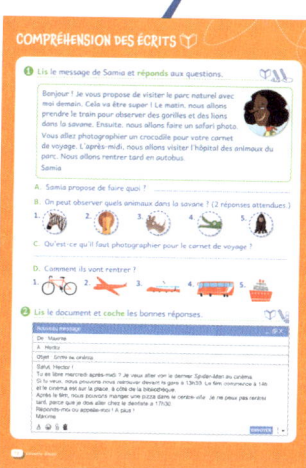

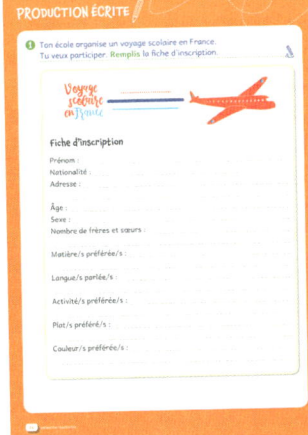

7 Un glossaire illustré pour mémoriser plus facilement le lexique et pour noter la traduction

8 Les transcriptions des chansons

9 Des autocollants

UNITÉ 0

1 **Lis** les descriptions. **Cherche** les autocollants page A et **colle-les** sous la bonne description. **Écris** le prénom.

A

Elle est grande et mince. Elle a les cheveux bruns et porte des lunettes noires.

Amélie

B

Il est petit et il a les cheveux courts. Il ne porte pas de lunettes.

....

C

Il a les cheveux courts et châtains. Il a les yeux marron et il a trois enfants.

....

D

Elle est petite. Elle a les yeux bleus et les cheveux bruns.

....

E

Il a les cheveux courts et bruns. Il porte des lunettes.

....

F

Il est petit. C'est un pigeon.

....

❷ **Colle** ta photo. **Écris** ton prénom et **décris-toi**.

....

....

....

....

....

❸ **Écoute** et **écris** le numéro de la phrase
qui correspond à chaque image.

A.

B.

C.

D.

❹ **Écoute** la chanson « Ma journée » et **dessine** les aliments.

LE MATIN   LE MIDI   L'APRÈS-MIDI   LE SOIR

5 Écoute et colorie les bateaux.

A.
14

B.
28

C.
6

D.
30

E.
10

F.
22

G.
8

H.
25

I.
31

6 Écris les légendes des photos. **Aide-toi** des étiquettes.

sont	aime	c'est	fait

a mal	n'aime pas	prennent	a

1.

Ils sont à Paris.
....

2.

....
....

3.

....
....

4.

....
....

5.

....
....

6.

....
....

7.

....
....

8.

....
....

PASSEPORT

7 **Complète** la carte mémo de la maison.

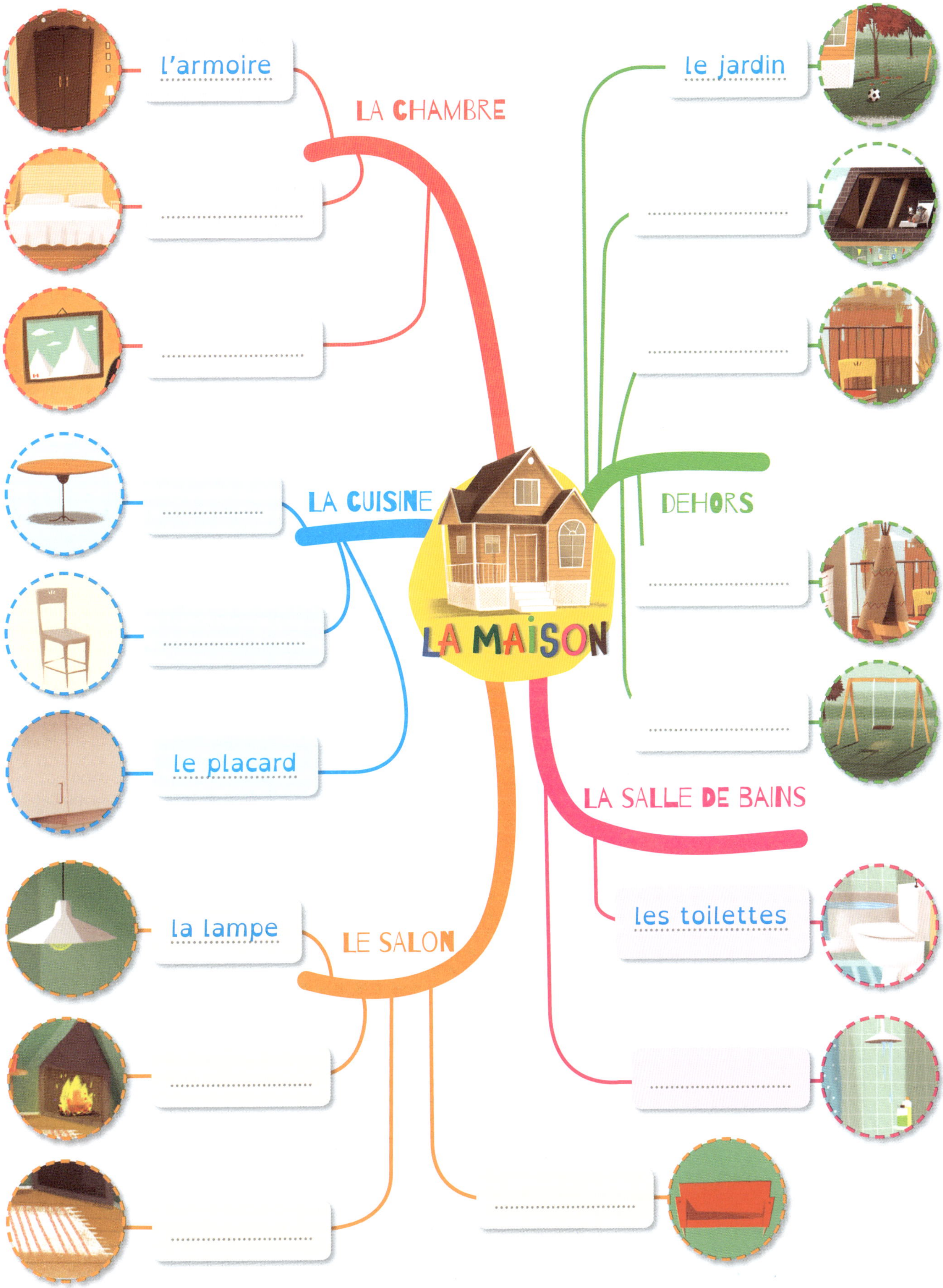

l'armoire

LA CHAMBRE

le jardin

LA CUISINE

DEHORS

LA MAISON

le placard

LA SALLE DE BAINS

la lampe

LE SALON

les toilettes

1 Complète les mots-croisés.

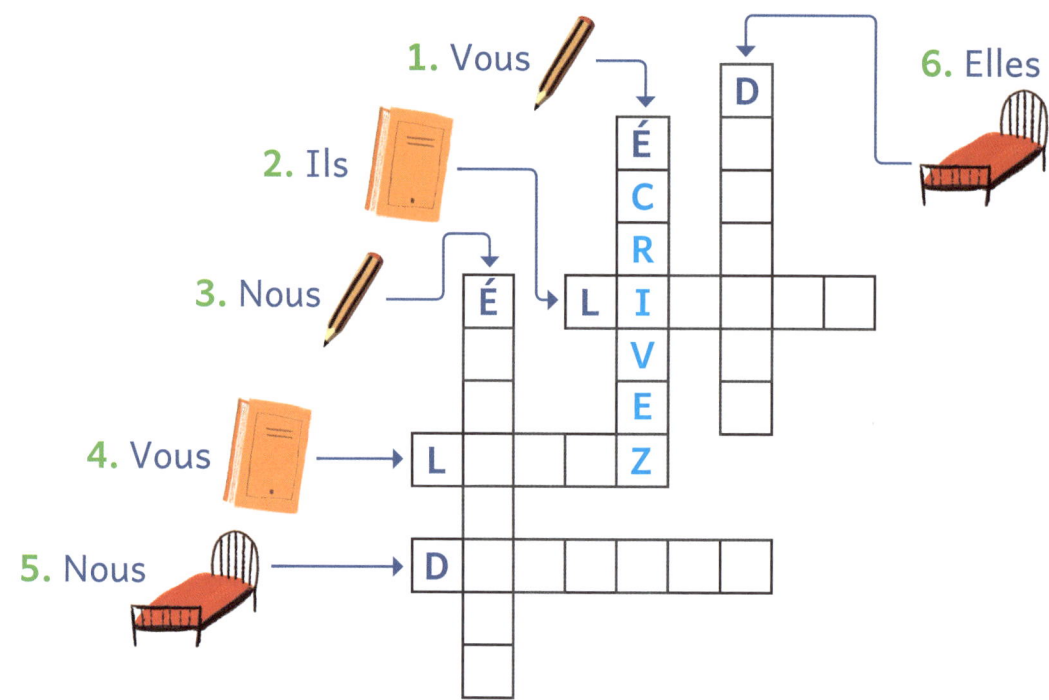

1. Vous

2. Ils

3. Nous

4. Vous

5. Nous

6. Elles

2 Écoute et colorie la bonne réponse.

04

A.
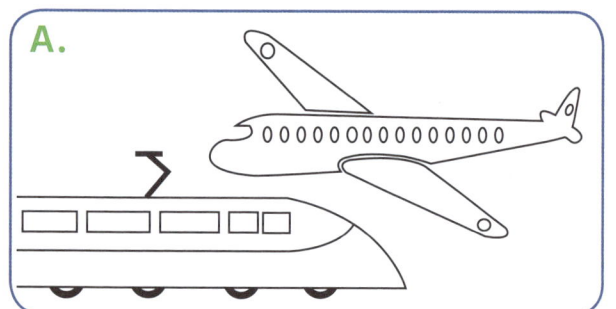

B.

C.

D.
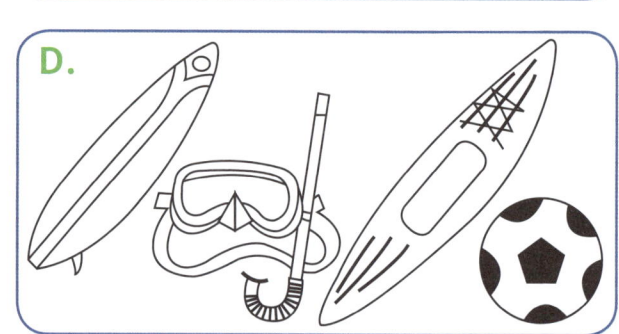

E.
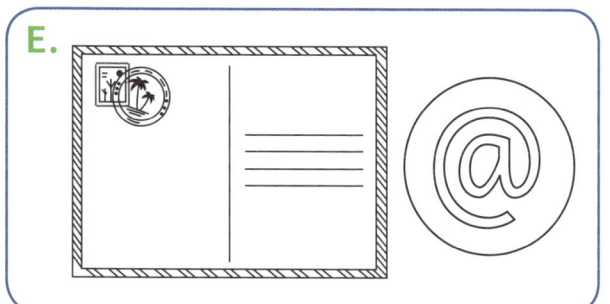

F.
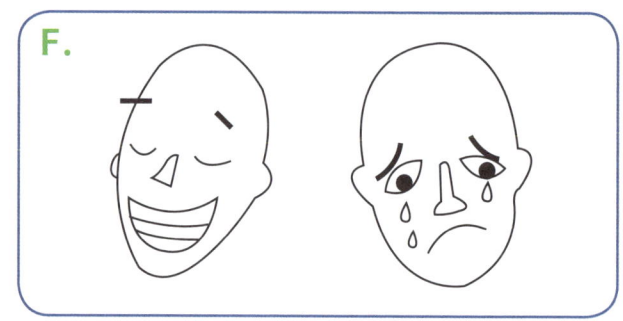

3 **Lis** le texte et **utilise** les étiquettes pour poser des questions.

> Salut ! Je m'appelle Léo, je suis dans la classe
> de Nathan. Aujourd'hui, c'est mercredi.
> Je vais à l'école à pied avec Nathan et ses cousins.
> Ce matin, nous avons cours de maths. J'adore les
> maths parce que c'est génial. Cet après-midi, après
> l'école, nous allons à la plage pour faire du surf !

| QUOI ? | COMMENT ? | QUEL JOUR ? | OÙ ? | POURQUOI ? | AVEC QUI ? | QUEL COURS ? |

Aujourd'hui, c'est quel jour ?

....

....

....

....

....

....

4 **Lis** les questions et **souligne** les réponses possibles
de la même couleur.

Vous voyagez comment ?   Vous écrivez quoi ?

Vous étudiez avec qui ?   Vous dormez où ?

Vous faites du sport ?

A. <u>En avion.</u>

B. Oui, nous faisons du foot.

C. Avec une maitresse.

D. Dans une maison.

E. Un carnet de voyage.

F. Des cartes postales.

G. Avec nos parents.

H. Des e-mails.

I. Avec maman.

J. <u>En bateau.</u>

K. <u>En voiture.</u>

L. À l'hôtel.

M. Non, nous ne faisons pas
   de sport.

N. Oui, nous faisons de la plongée.

O. Chez nos cousins.

1 **Cherche** les autocollants page A. **Observe** et **complète** les dominos avec des mots ou un autocollant.

Elle se réveille | Je ....

Je m'habille | ?

? | On .... | Tu ....

Elle se couche | Il .... | ? | Tu te réveilles | ? | Il se brosse les dents

2 **Écoute** la chanson et **entoure** les activités que tu entends.

A.   B.   C.   D.

E.   F.   G.   H.

❸ À toi ! **Écris** ce que tu fais le matin. **Dessine-toi** et **donne** les heures de chaque activité.

1.

6h

Je me lève à 6h.

2.

3.

4.

5.

6.

❹ **Écoute** et **observe**. **Cherche** les autocollants page A et **colle-les** au bon endroit.

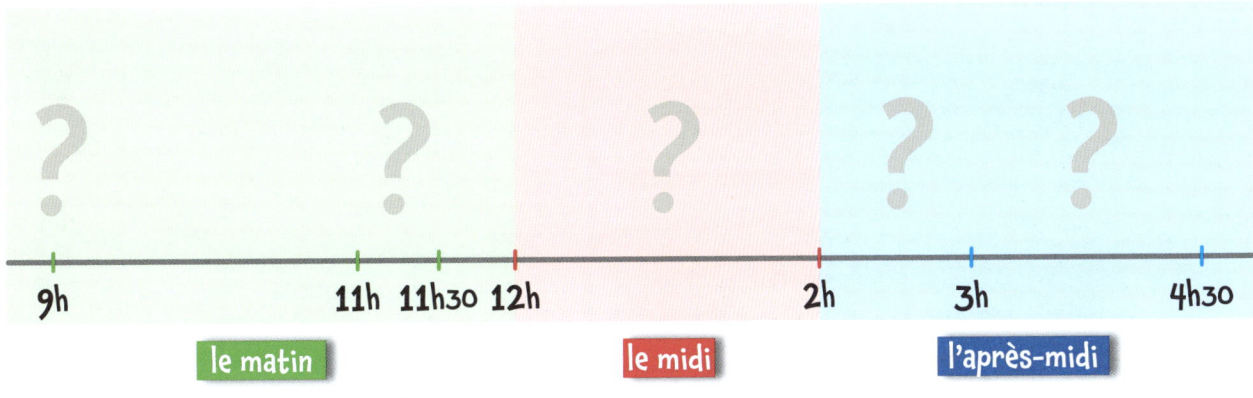

LA JOURNÉE DE SÉLÈNE

9h   11h   11h30   12h   2h   3h   4h30

le matin   le midi   l'après-midi

1 **Écris** le contraire en chiffres et en lettres.

A.  52 → 25 → vingt-cinq

B. 16 → .... → ....

C. 34 → .... → ....

D. 65 → .... → ....

E. 2 3 → .... → ....

F. 42 → .... → ....

2 À quelle heure commence le cours de surf de Nathan ?
Pour le savoir, **écoute** et **trouve** l'heure que tu n'entends pas.

 16:56    21:12

J'ai cours de surf
à ....

14:30   07:52

11:05   13:59

08:45   09:23

3 Aujourd'hui, Gabriel n'est pas content.
Il répond « non » à tout. **Écris** ses réponses.

Gabriel, tu te lèves ?

A. Non, je ne me lève pas.

Gabriel, tu te brosses les dents ?

B. Non, ...

Gabriel, tu t'habilles ?

C. Non, ...

Gabriel, tu prends ton petit déjeuner ?

D. Non, ...

Gabriel, tu vas à l'école ?

E. Non, ...

4 Qu'est-ce qu'on ne fait pas le weekend ? **Écris** 5 choses.

On ne va pas à l'école.

....

....

....

....

....

1 Est-ce que les nombres se prononcent pareil ? **Écoute** et **coche**.

	OUI	NON		OUI	NON
10	☐	☑	**6**	☐	☐
3	☐	☐	**2**	☐	☐
8	☐	☐	**9**	☐	☐

2 **Lis** le texte et **entoure** la ou les bonnes réponses.

MON SAMEDI

Je me réveille à neuf heures du matin. Je me lève, je me lave et je m'habille. À neuf heures et demie, je prends mon petit déjeuner. Ensuite, je me brosse les dents, et à dix heures et demie, je vais à mon cours de musique à vélo. L'après-midi, je fais du surf et de la plongée. Le soir, je mange avec ma famille à sept heures et demie. Je me couche à neuf heures du soir. Je lis un peu et je dors à dix heures du soir.

A. Nathan se réveille à quelle heure ?

1.  2.  3.  4.

B. Nathan fait quoi après le petit déjeuner ?

1.  2.  3.  4.

C. Comment il va à son cours de musique ?

1.  2.  3.  4.

D. Nathan fait quels sports l'après-midi ?

1.  2.  3.  4.

E. Nathan fait quoi avant de dormir ?

1.  2.  3.  4.

MISSION DÉCOUVERTE

LES HORAIRES D'ÉCOLE

1 **Lis** et **associe** les textes et les emplois du temps.

A.

☐

J'habite en France, à Rennes. J'ai école toute la journée.
Le matin, je suis en classe de neuf heures à onze heures
et demie. De onze heures et demie à treize heures trente,
c'est l'heure du déjeuner. Je mange à la cantine. L'après-midi,
je suis en classe de une heure et demie à quatre heures et demie.
Nous avons deux récréations, une le matin et une l'après-midi.

B.

☐

J'habite au Pérou, et je vais à l'école à Cuzco. Je vais à
l'école le matin. La classe commence à six heures et demie
et finit à midi quarante-cinq. Nous avons deux récréations
de vingt minutes. Il n'y a pas de cantine à l'école.

C.

☐

J'habite au Japon, à Osaka. Je vais à l'école de huit heures
et demie du matin à trois heures et demie de l'après-midi,
puis j'ai des cours particuliers jusqu'à cinq heures.
Nous n'avons pas de récréation mais à midi, nous avons une pause
de trente-cinq minutes pour le déjeuner. Il n'y a pas de cantine,
nous mangeons dans la salle de classe.

1  8h30-12h05  12h40-15h30  15h30-17h

2  6h30-8h  8h20-10h25  10h45-12h45

3  9h-10h15  10h30-11h30  13h30-15h  15h15-16h30

2 **À toi !** **Décris** les horaires de ton école.

....

....

....

1 **Lis** et **réponds** à la question.

On utilise une montre, un réveil, une horloge ou un téléphone portable pour lire l'heure.

une montre   **un réveil**   **une horloge**   **un téléphone portable**

Et toi, tu lis l'heure sur quoi ?

2 **Lis**.

La **petite aiguille** indique les heures.
Elle avance d'un numéro à chaque heure
qui passe.

La **grande aiguille** indique les minutes.
Elle fait le tour de la montre en une heure,
c'est-à-dire en 60 minutes.

la grande aiguille

Quand il est l'**heure pile**, la grande aiguille
est sur le 12, et la petite est sur un autre numéro.

Quand il est l'**heure et demie**, trente minutes
sont passées : la grande aiguille est sur le 6.

la petite aiguille

À 12h, quand c'est le jour, on dit qu'il est **midi**, et quand c'est la nuit,
on dit qu'il est **minuit**.

3 **Écoute** et **dessine** les aiguilles sur les horloges.

1. 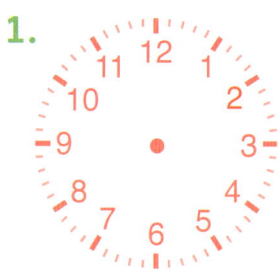   **2.**    **3.**    **4.**

1 Avec un/e camarade. **Lance** le dé, **choisis** une étiquette ou un dessin et **réponds** à la question.

JOUE

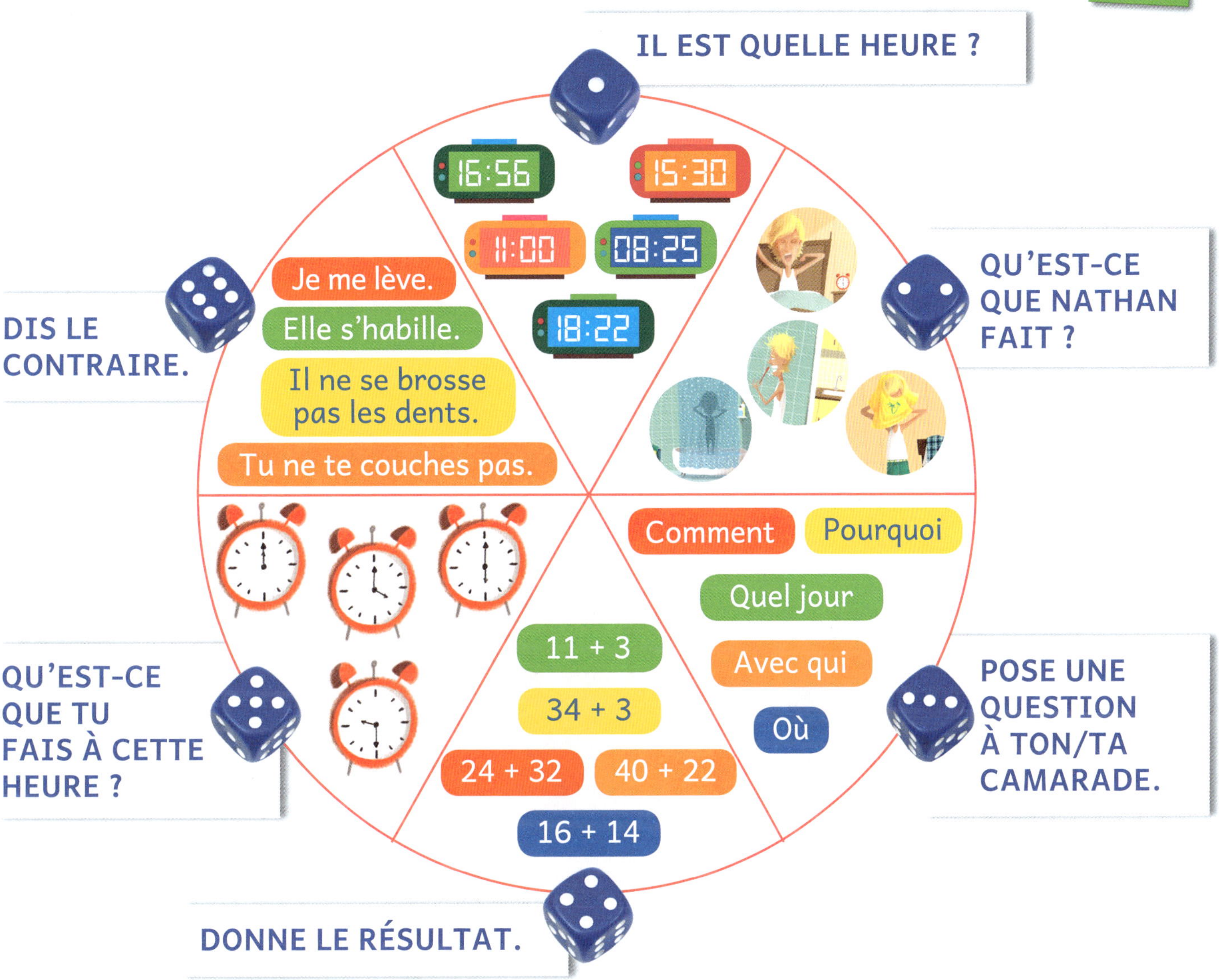

IL EST QUELLE HEURE ?

16:56 15:30
11:00 08:25
18:22

QU'EST-CE QUE NATHAN FAIT ?

DIS LE CONTRAIRE.

Je me lève.
Elle s'habille.
Il ne se brosse pas les dents.
Tu ne te couches pas.

Comment   Pourquoi
Quel jour
Avec qui
Où

11 + 3
34 + 3
24 + 32   40 + 22
16 + 14

QU'EST-CE QUE TU FAIS À CETTE HEURE ?

POSE UNE QUESTION À TON/TA CAMARADE.

DONNE LE RÉSULTAT.

1. Seize heures cinquante-six – quinze heures trente – onze heures vingt-cinq – dix-huit heures vingt-deux. **2.** Il se réveille. – Il se brosse les dents. – Il se lave. – Il s'habille. **3.** Réponse libre. **4.** 14 – 37 – 56 – 62 – 30. **5.** Réponse libre. **6.** Je ne me lève pas. – Elle ne s'habille pas. – Il se brosse les dents. – Tu te couches.

2 Et toi, qu'est-ce que tu sais faire ? **Coche** la/les case/s qui correspond/ent et **colle** ton autocollant. **Cherche-le** page A.

› Je sais poser des questions. ☐

› Je sais parler des activités quotidiennes. ☐

› Je sais compter de 1 à 69. ☐

› Je sais dire quelle heure il est. ☐

?

UNITÉ 2

1 **Écris** les mots dans la bonne colonne.

> salon de coiffure bibliothèque restaurant
>
> boulangerie cinéma parc gare école

le / l'	la / l'
salon de coiffure	

2 **Observe**, **associe** et **complète** les phrases.

1.  2.  3.

4.  5. 6.

A. ☐4 Gabriel veut acheter des fruits. Il va au marché.

B. ☐ Amélie a faim. Elle va au

C. ☐ Emma veut lire un livre. Elle va à la

D. ☐ La famille prend le train. Elle va à la

E. ☐ Nicolas veut voir des bateaux. Il va au

F. ☐ Aujourd'hui, c'est lundi. Les enfants vont à l'

3 **Dessine** les directions.

A. - - - - - - - - - - - - Va tout droit.

B. - - - - - - - - - - - - Tourne à gauche.

C. - - - - - - - - - - - - Tourne à droite.

D. - - - - - - - - - - - - Traverse la rue.

4 **Écoute**, **observe** et **coche** le bon chemin.

A. ☐

B. ☐

1 Observe et écris le nom.

A.

du pain

B.

....

C.

....

D.

....

E.

....

F.

....

G.

....

H.

....

2 Écoute et écris le numéro du dialogue
qui correspond à chaque image.

A.

B.

C.

D.

❸ **Observe** et **écris** le nom du magasin correspondant.

la boulangerie   la poissonnerie

l'épicerie   la boucherie

❹ Qu'est-ce qu'ils/elles achètent ? **Écoute. Cherche** les autocollants page B et **colle-les** dans le bon panier.

1.

2.

3.

4.

1 **Observe** et **écris** la liste de courses d'Amélie.

1 kg

RIZ

LISTE DE COURSES

> quatre pommes

> ....

> ....

> ....

> ....

> ....

> ....

2 **Écoute** la chanson et **associe** les rimes.

A. En été,

B. En automne,

C. Ce marché est très joli,

D. En hiver,

E. Au printemps,

1. j'achète un melon blanc

2. j'achète des bonnes pommes

3. j'achète des fruits sucrés

4. plein de légumes et de fruits

5. j'achète des légumes verts

3 Combien ça coute ? **Observe** et **écris** le prix des timbres en lettres.

A. → Ce timbre coute ....*vingt-cinq*.... francs.

B. → Ce timbre coute .... francs.

C. → Ce timbre coute .... francs.

D. → Ce timbre coute .... francs.

E. → Ce timbre coute .... francs.

4 **Écoute**, **lis** les prix et **entoure** les pièces pour payer.

A.

B.

C.

D.

1 Vrai ou faux ? **Lis** et **coche** la bonne case.

RESTAURANT DU PORT !

LE PETIT DÉJEUNER
Il y a des céréales, des croissants,
du pain et de la confiture, des fruits
et du fromage.
Le petit déjeuner coute 1 000 francs CFA.

LE DÉJEUNER
Il y a du poisson avec des carottes et du riz
ou du poulet avec des pâtes.
Le menu coute 5 000 francs CFA, avec la
boisson.

LES BOISSONS
Nous avons du thé, du café au lait et du jus
de fruits.

OÙ EST NOTRE RESTAURANT ?
Au 95, rue Tambacounda, en face du parc
et près de la boucherie.

	VRAI	FAUX
A. Au petit déjeuner, il y a du pain et des croissants.	☑	☐
B. Le petit déjeuner coute cent francs.	☐	☐
C. Au déjeuner, on mange du poulet ou du poisson.	☐	☐
D. Le restaurant ne propose pas de boissons.	☐	☐
E. Le restaurant est au numéro quatre-vingt-quinze.	☐	☐
F. Le restaurant est entre le parc et la boucherie.	☐	☐

2 **Écoute** et **entoure** quand tu entends **in** comme dans **chemin**.

1.

2.

3.

4.

5.

6.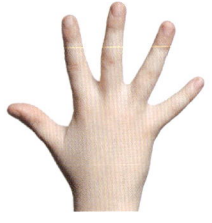

7.

8.

MISSION DÉCOUVERTE

LES PETITS DÉJEUNERS DANS LE MONDE

1 Lis et **associe** à une photo.

A.

LE PETIT DÉJEUNER CANADIEN

Le matin, on mange des petites crêpes avec du sirop d'érable ou des céréales. On boit du jus de groseille et du thé.

1.

B.

LE PETIT DÉJEUNER ALLEMAND

Le matin, on mange du pain noir, du fromage et des œufs. On boit du café, du thé ou du jus d'orange.

2.

C.

LE PETIT DÉJEUNER MEXICAIN

Le matin, on prend des œufs avec une purée de haricots rouges. On boit du chocolat chaud aux épices.

3.

D.

LE PETIT DÉJEUNER CHINOIS

Le matin, il y a du riz ou des pâtes chinoises. On boit du thé noir ou du thé vert.

4.

2 **Fais** des recherches sur le petit déjeuner typique au Sénégal. **Colle** une photo et **écris** le nom des aliments et des boissons.

❷ CAP SUR LES MATHÉMATIQUES

❶ Lis.

La **balance** mesure le **poids**.
Pour exprimer le poids,
on utilise le **kilogramme** (kg) et le **gramme** (g).

> 1 kg = 1000 g

Une balance

Le **verre mesureur** mesure la **quantité**.
Pour exprimer la quantité,
on utilise le **litre** (l) et le **centilitre** (cl).

> 1 l = 100 cl

Un verre mesureur

❷ Colorie les mesures équivalentes de la même couleur.

10 g	45 l	2,5 kg	0,7 l
0,6 kg	1,8 l	180 cl	2500 g
4500 cl	**10 000 mg**	600 g	70 cl

❸ On mesure ces aliments avec quoi ? Écris la bonne réponse.

A. Une balance   **B.** Un verre mesureur

1. `B`    **2.** ☐    **3.** ☐    **4.** ☐

5. ☐    **6.** ☐    **7.** ☐    **8.** ☐

❹ Entoure la mesure qui te semble correcte.

A. Un croissant	**1.** 150 g	**2.** (45 g)	**3.** 4,5 kg
B. Un vélo	**1.** 8 kg	**2.** 65 g	**3.** 85 g
C. Une pièce de 2 euros	**1.** 3 kg	**2.** 10 g	**3.** 100 g
D. Nicolas	**1.** 75 kg	**2.** 75 g	**3.** 2,5 kg

CAP OU PAS CAP ?

1 Avec un/e camarade, **lance** les 2 dés et **pose** des questions.

JOUE

	⚀	⚁	⚂	⚃	⚄	⚅
⚀	LA BOUCHERIE	œuf au plat	cafetière	LE CINÉMA	théière	3 kg RIZ
⚁	L'ÉCOLE	céréales	poissons	bonbons	LA POISSONNERIE	500
⚂	saucisson	LE MARCHÉ	fruits	miel	biscuits	pont
⚃	4200 F	LE RESTAURANT	850 F	LA BOULANGERIE	LE SALON DE COIFFURE	1250 F
⚄	LA GARE	piéton	LE PORT	plage	LE PARC	LAIT
⚅	viande	L'ÉPICERIE	épicière	LA BIBLIOTHÈQUE	passage piéton	croissant

Questions libres.

2 Et toi, qu'est-ce que tu sais faire ? **Coche** la/les cases/s qui correspond/ent et **colle** ton autocollant. **Cherche-le** page B.

> Je sais parler des lieux de la ville. ☐

> Je sais demander et dire un prix. ☐

> Je sais demander et indiquer un itinéraire. ☐

> Je sais faire des achats. ☐

> Je connais les nombres de 69 à 100 000. ☐

?

1 Qu'est-ce qu'il faut faire ou ne pas faire à la piscine ?
Observe le règlement et **barre** les erreurs.

PISCINE  MUNICIPALE

1
Il ne faut pas se baigner.

2
Il ne faut pas courir.

3
Il faut manger dans l'eau.

4
Il ne faut pas faire de bruit.

5
Il faut nager avec des chaussures.

6
Il faut mettre un bonnet.

7
Il faut boire l'eau de la piscine.

8
Il faut utiliser un maillot de bain.

9
Il faut se doucher avant d'aller dans l'eau.

2 Lis et **dessine**.

A.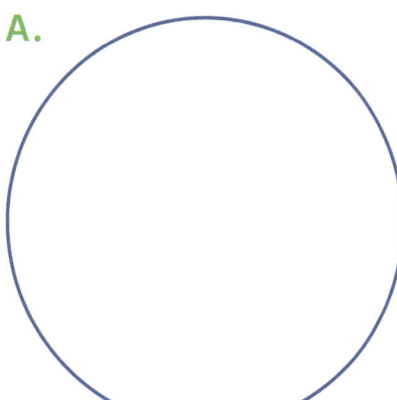

B.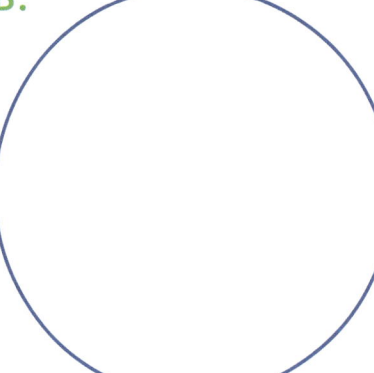

C.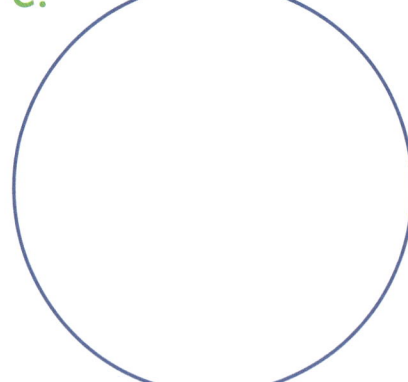

Il faut jeter les papiers à la poubelle.

Il ne faut pas prendre de photos.

Il ne faut pas manger de bonbons en classe.

3 Tu entends ces bruits où ? **Écoute** et **associe**.

A.

B.

C.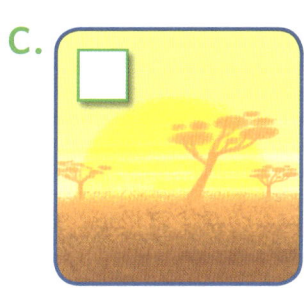

D.

4 Ils/Elles rêvent de quoi ? **Observe** et **écris** des phrases.

A.

Elle rêve d'aller à Paris.

B.

C.

D.

E.

F.

UNITÉ 3

1 Dans quel pays il/elle rêve d'aller ?
Lis, associe et **écris**.

A. Emma aime les koalas.

~~Elle rêve d'aller en Australie.~~

B. Nicolas veut visiter des pyramides.

....

C. Emma aime les cactus.

....

D. Gabriel aime le baseball.

....

E. Hector veut voir des caribous.

....

2 **Écris** les nationalités dans la bonne colonne.

| américain | mexicaine | guadeloupéen | française | japonais |

| canadien | australienne | sénégalaise | italien | chinoise |

 un garçon

.... américain

....

....

....

une fille

....

....

....

....

3 Où ils/elles habitent ? Quelle est leur nationalité ?
Observe et **complète** les phrases.

A.

Hugo habite en France.
Il est français.

B.

Ils _____
_____

C.

J' _____
_____

D.

Nous _____
_____

E.

Chiara _____
_____

F.

Vous _____
_____

4 **Réponds** aux questions.

A. Tu habites dans quel pays ?
Écris et dessine le drapeau.

B. Tu rêves d'aller dans quel pays ?
Écris et dessine le drapeau.

1 **Observe** et **colorie** les phrases qui sont vraies.

A. Omar est vendeur.

D. William travaille au marché.

B. Alice est professeure.

E. Samia soigne des animaux.

C. Alex vend des fruits et légumes.

F. Mariam est navigatrice.

2 Qu'est-ce qu'il/elle veut faire plus tard ? **Écoute.**
Cherche les autocollants page B et **colle-les** au bon endroit.

1. ?

2. ?

3. ?

4. ?

5. ?

❸ Écoute la chanson et réponds aux questions.

A. Qu'est-ce qu'il/elle veut faire comme métier ? Complète.

1.
   boulangère

2.
   ....

3.
   ....

4.
   ....

5.
   ....

6.
   ....

7.
   ....

8.
   ....

B. Pourquoi il/elle veut faire ce métier ? Associe.

a. ☐ 1 Pour faire de bons gâteaux

b. ☐ Pour soigner les bobos

c. ☐ Pour vendre des Chamallows

d. ☐ Pour vendre des cahiers de coloriage

e. ☐ Pour faire plein de voyages

f. ☐ Pour faire de belles photos

g. ☐ Pour bien soigner les singes

h. ☐ Pour avoir des élèves sages

❹ Et toi, quel métier tu rêves de faire plus tard ? Dis pourquoi.

Je rêve d'être aviateur pour piloter des avions.

....

1 **Lis** et **réponds** aux questions. **Coche** la/les bonne/s réponse/s.

> Aujourd'hui, je suis au Burkina Faso, en Afrique, avec toute la famille. Nous sommes dans une auberge et nous rencontrons des voyageurs de tous les pays. Maintenant nous avons des amis mexicains, chinois et canadiens. Ils parlent tous un peu français.
>
> L'auberge est dans la savane. Il faut boire beaucoup d'eau parce qu'il fait très chaud.

A. Où sont les Cousteau ?

1. ☐    2. ☑    3. ☐

Europe   Afrique   Amérique du Nord

B. Quelle est la nationalité des amis à l'auberge ?

1. ☐    2. ☐    3. ☐    4. ☐    5. ☐

C. Où est l'auberge ?

1. ☐    2. ☐    3. ☐    4. ☐

D. Qu'est-ce qu'il faut boire ?

1. ☐    2. ☐    3. ☐    4. ☐

2 **Écoute** et **colorie** le mot quand tu entends **f** comme dans **safari**.

CONFITURE   CROISSANT   PHOTO   CHAUD

PHARMACIE   BISCUIT   PROFESSEUR   CAFÉ

CHINOIS   FORÊT   FROMAGE   SAVANE

MISSION DÉCOUVERTE

LES LANGUES DANS LE MONDE

1 **Écoute** et **écris** le numéro qui correspond à chaque image.

A. ☐

Aux Émirats arabes unis

B. ☐

Au Costa Rica

C. ☐

En Suisse

D. ☐

En Guadeloupe

2 Combien de langues ils/elles parlent ? **Réponds**.

Le garçon des Émirats arabes unis parle 3 langues...

....

....

....

3 Et toi ? Tu parles combien de langues ?
Quels mots tu connais dans d'autres langues ? **Écris**.

....

....

....

....

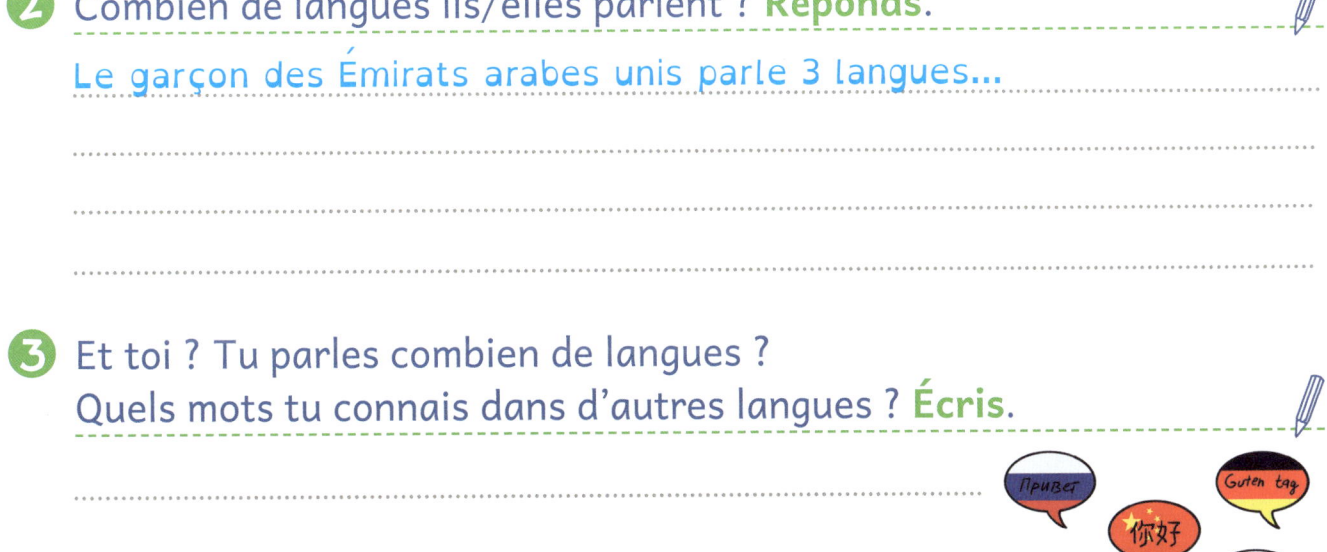

3 CAP SUR LA GÉOGRAPHIE

1 **Lis.**

La Soufrière, en Guadeloupe, est un **volcan**.

Le Sahara, en Afrique, est le plus grand **désert** du monde.

L'Everest est la plus haute **montagne** du monde.

La **mer** Méditerranée se trouve entre l'Europe et l'Afrique.

En Australie, il y a de grandes **forêts**.

En Afrique, les animaux vivent dans la **savane**.

2 **Associe** les photos des paysages aux dessins.
Cherche les autocollants page B et **colle-les** au bon endroit.

CAP OU PAS CAP ?

JOUE

1 Avec un/e camarade, **prends** un pion, **réponds** et **avance**.

1. Cite un métier commençant par chacune de ces lettres.

D V J P

2. Comment s'appelle ce métier ?

3. Emma rêve d'aller où ?

4. C'est dans quel pays ?

A.   B.   C.   D.

5. Dis la nationalité qui correspond.

A.   B.

6. Qu'est-ce qu'il faut faire ou ne pas faire ?

A.   B.   C.

DÉPART

1   3   2   4   5   6   ARRIVÉE

Réponses possibles : **1.** Réponses possibles : docteur/e – vétérinaire – journaliste – professeur/e. **2.** Navigateur/trice. **3.** Emma rêve d'aller à la montagne. **4. A.** En Italie. **B.** Au Mexique. **C.** En France. **D.** Aux États-Unis. **5. A.** Canadien/ne. **B.** Chinois/e. **6. A.** Il ne faut pas nager. **B.** Il faut jeter les papiers dans la poubelle. **C.** Il ne faut pas manger.

---

2 Et toi, qu'est-ce que tu sais faire ? **Coche** la/les cases/s qui correspond/ent et **colle** ton autocollant. **Cherche-le** page B.

> Je sais dire ce qu'on peut faire ou ne pas faire. ☐

> Je sais parler des nationalités. ☐

> Je sais parler des paysages. ☐

> Je sais dire dans quel pays se trouve quelque chose. ☐

> Je sais parler des métiers. ☐

?

1 **Observe. Écris** ou **cherche** les autocollants page C
et **colle-les** au bon endroit.

LA STAR DU PARC

LES AUTRES ANIMAUX DU PARC

la girafe

?

le crocodile

le lion

?

le singe

_____

_____

2 Nathan explique son programme à Gabriel :
qu'est-ce qu'il va faire ? **Observe** et **écris**.

Demain matin, je vais me lever à 6h. Je vais...

Demain après-midi,

Demain soir avec mes parents,

3 **Observe** l'emploi du temps de Gabriel et **réponds.**

MERCREDI	JEUDI	VENDREDI	SAMEDI	DIMANCHE	LUNDI
MATIN ÉCOLE	LE MARCHÉ				
APRÈS-MIDI			PARC NATIONAL		
SOIR		LE CINÉMA			

A. Aujourd'hui, c'est mercredi. Qu'est-ce qu'il va faire ?

Gabriel va aller à l'école le matin. L'après-midi, il va jouer au football avec Emma.

B. Qu'est-ce qu'il va faire demain ?

....

....

C. Qu'est-ce qu'il va faire après-demain ?

....

....

D. Qu'est-ce qu'il va faire ce weekend ?

....

....

E. Qu'est-ce qu'il va faire la semaine prochaine ?

....

....

4 Et toi ? Qu'est-ce que tu vas faire ce weekend avec ta famille ?
Dessine et **écris** des phrases.

SAMEDI	DIMANCHE

....

....

....

UNITÉ 4

1 **Observe** et **écris** le nom des parties du corps.

La ...queue...

Les ....

Les ....

Les ....

Le ....

2 **Observe** et **trouve** les 5 différences. **Écris.**

1.

2.

IMAGE 1

Le crocodile a des dents.

....

....

....

....

IMAGE 2

Le crocodile n'a pas de dents.

....

....

....

....

3 Où est-ce que ces animaux vivent ?
Comment ils se déplacent ? **Écris.**

1.

Le singe vit dans les arbres
et sur la terre. Il marche,
il court et il saute.

2.

....
....
....

3.

....
....
....

4.

....
....
....

4 Quel est leur animal préféré ?
Écoute, associe et **écris** le nom de l'animal.

1.

A.

....

2.

B.

....

3.

C.

....

1 Écoute et **entoure** de la bonne couleur.

 Ce qu'on peut faire.   Ce qu'on ne peut pas faire.

1.    2.    3.    4.   5.

2 Écoute la chanson et **réponds**.

A. Qui fait quoi ? Associe.

1. ☐    2. ☐    3. ☐    4. ☐

a.    b. 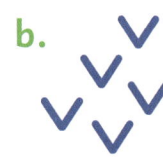   c.    d.

B. À ton tour ! Invente des questions.

1. Est-ce que tu peux .... *courir* .... comme font les .... *gazelles* .... ?

2. Est-ce que tu peux .... comme font les .... ?

3. Est-ce que tu peux .... comme font les .... ?

4. Est-ce que tu peux .... comme font les .... ?

5. Est-ce que tu peux .... comme font les .... ?

3 **Écoute** et **complète** les fiches.

A

Prénoms : Timothé et Barnabé

Animal : ....

Pourquoi ils sont à l'hôpital ?
Parce qu'ils...
....

Qu'est-ce qu'ils ne peuvent pas faire ?
Ils ne peuvent pas...

B

Prénom : Émile

Animal : ....

Pourquoi il est à l'hôpital ?
....

Qu'est-ce qu'il ne peut pas faire ?
....

C

Prénom :
Gaspard

Animal :
....

Pourquoi il est
à l'hôpital ?
....
....

Qu'est-ce qu'il ne peut
pas faire ?
....
....

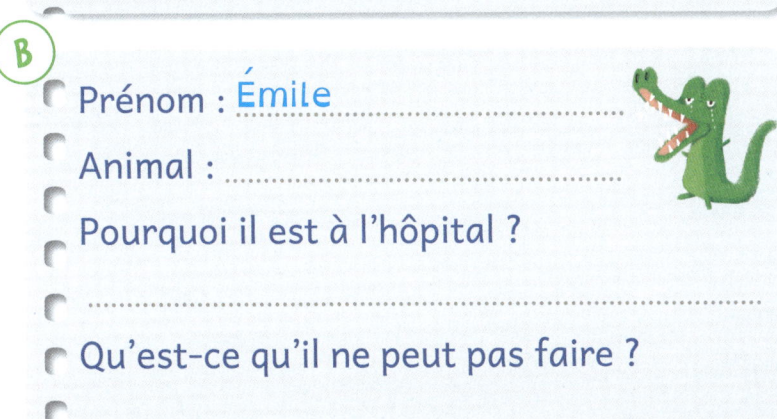

4 **Lis** les questions et **trouve** les réponses dans le texte.
Colorie-les de la bonne couleur.

De quelle couleur est-ce qu'il est ?

Où est-ce qu'il vit ?

Comment est-ce qu'il est ?

Qu'est-ce qu'il mange ?

Combien d'années est-ce qu'il peut vivre ?

Comment est-ce qu'il se déplace ?

L'éléphant vit dans la savane. Il est gris.
Il est grand et très gros et il a un long
nez qui s'appelle la trompe.
Il mange des feuilles et des fruits.
Il marche lentement et peut vivre
jusqu'à 60 ans.

1 Lis et **réponds**.

> Aujourd'hui, c'est samedi. Nous sommes dans la savane,
> au parc national. Les paysages sont magnifiques ! Il y a
> des montagnes, une forêt verte avec des perroquets de
> toutes les couleurs et une rivière. Nous allons faire un
> safari et prendre des photos.
> Demain, dimanche, nous allons faire une marche dans la montagne.
> Lundi, on va manger dans un restaurant sur la rivière, c'est un bateau-
> restaurant. Et mardi, on va dormir dans une cabane dans les arbres.
> Les enfants vont adorer !

A. Dessine le paysage
du parc naturel.

B. Complète le programme
des activités de la famille.

JOUR 1	JOUR 2	JOUR 3	JOUR 4
Faire un safari			

2 **Aide** Hector à retrouver le bébé léopard. **Trace** le chemin.
Tu ne peux passer que par des mots où tu entends
un **r** comme dans **arbre**.

1 Quels animaux sont les symboles de ces pays ?
Lis, **cherche** les autocollants page C
et **colle-les** au bon endroit.

A.

FRANCE

C'est le symbole de la France.
C'est un oiseau mais il ne vole pas.
Il chante le matin.

B.

AUSTRALIE

L'animal symbole de l'Australie
saute beaucoup. Il porte les bébés
sur le ventre.

C.

SUISSE

Le symbole de la Suisse vit
dans les montagnes. Il dort
pendant tout l'hiver.

D.

SÉNÉGAL

Au Sénégal, l'animal symbole
vit dans la savane. On l'appelle
le roi des animaux.

2 **Choisis** un animal qui te représente ou que tu aimes.
Dessine-le ou **colle** une photo.
Explique pourquoi tu aimes cet animal.

....

....

....

....

 CAP SUR LA BIOLOGIE

1 Lis.

Les animaux ne mangent pas tous la même chose. **Le pingouin est carnivore.**

Un **carnivore** est un animal qui mange **de la viande**.

Le koala est herbivore.

Un **herbivore** est un animal qui mange **de l'herbe**.

Un **insectivore** est un animal qui mange **des insectes**.

Le rouge-gorge est insectivore.

Un **omnivore** est un animal qui mange
de la viande, **de l'herbe** et **des insectes**.

Le tatou est omnivore.

2 **Entoure** de la bonne couleur. **Fais** des recherches si nécessaire.

- animal carnivore
- animal omnivore
- animal herbivore
- animal insectivore

A. un chat

B. un zèbre

C. un panda

D. une hirondelle

E. un ours brun

F. un dauphin

G. un fourmilier géant

H. une souris

3 **Choisis** un animal, **fais** des recherches et **présente-le**.

CAP OU PAS CAP ?

1 **Joue** avec un/e camarade.

A. Choisis un animal. Ton/Ta camarade te pose des questions pour deviner ton animal.

B. Qu'est-ce que Gaston va faire ? Qu'est-ce qu'il ne va pas faire ?

1.  **2.** **3.** **4.**

A. Exemple de questions : Est-ce que ton animal a 4 pattes ? Est-ce qu'il vit dans la savane ? Est-ce qu'il vole ?
B. Réponses possibles : **1.** Gaston va voir les zèbres. **2.** Gaston ne va pas aller à la piscine. **3.** Gaston va faire du bateau. **4.** Gaston ne va pas aller à l'école.

2 Et toi, qu'est-ce que tu sais faire ? **Coche** la/les case/s qui correspond/ent et **colle** ton autocollant. **Cherche-le** page C.

› Je sais parler de mes activités futures et me situer dans le temps. ☐

› Je connais quelques animaux d'Afrique. ☐

› Je sais dire ce qu'on peut faire et ne pas faire. ☐

› Je sais décrire un animal. ☐

› Je sais poser des questions avec « est-ce que ». ☐

?

1 Écoute, observe et coche la bonne photo.

Dialogue 1   **A.**   **B.**   **C.**

Dialogue 2   **A.**   **B.**   **C.**

Dialogue 3   **A.**   **B.**   **C.**

2 Colorie les baguettes de la bonne couleur.

je/tu   il/elle/on   nous   vous   ils/elles

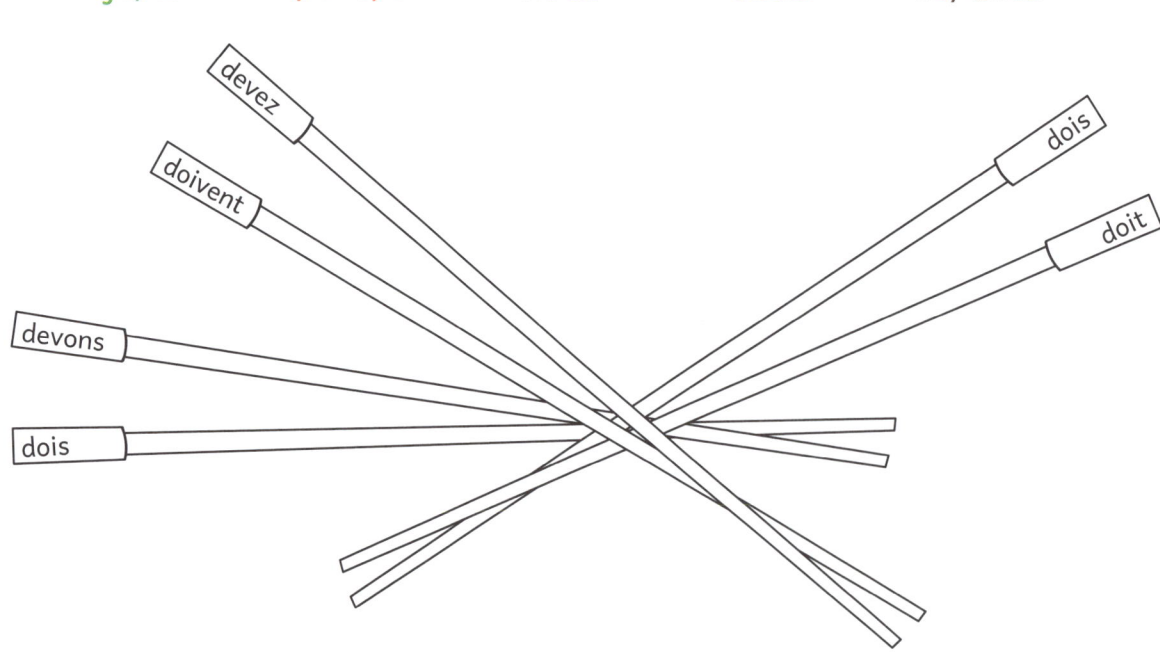

devez

doivent

dois

doit

devons

dois

❸ **Lis** les invitations, **observe** et **coche** la bonne réponse.

A.

> Salut Mai ! Tu peux venir chez moi samedi ? On va jouer dans la piscine.

1. ☑ Super ! Je prends mon maillot de bain.

2. ☐ Je ne peux pas. Je n'ai pas de maillot de bain.

B.

> Bonjour Nicolas ! Vous voulez venir diner avec nous au restaurant ce soir ?

1. ☐ C'est d'accord ! On vient avec des crêpes.

2. ☐ On ne peut pas. Amélie va préparer des crêpes.

C.

> Salut Gabriel ! Tu viens au musée avec moi dimanche ? On peut prendre les vélos si tu veux.

1. ☐ C'est génial ! Mais je n'ai pas de vélo.

2. ☐ Super ! Je viens avec mon vélo.

D.

> Bonjour Emma ! Je t'invite au cinéma lundi.

1. ☐ Merci pour l'invitation. C'est à quelle heure ?

2. ☐ Merci, mais ce n'est pas possible. On va fêter l'anniversaire de mon papa.

❹ À toi ! **Lance** le dé et **invite** un/e camarade.

Tu viens au ciné avec moi, vendredi soir à 20h ?

....

....

....

1 **Trouve** les ustensiles dans la grille.

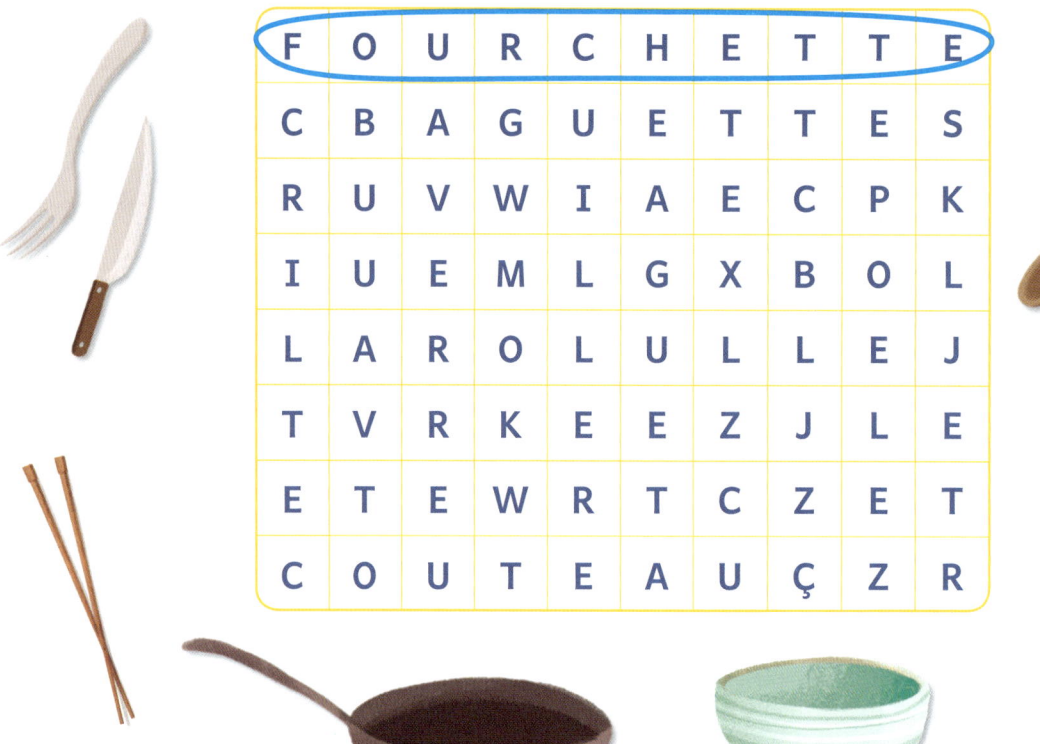

F	O	U	R	C	H	E	T	T	E
C	B	A	G	U	E	T	T	E	S
R	U	V	W	I	A	E	C	P	K
I	U	E	M	L	G	X	B	O	L
L	A	R	O	L	U	L	L	E	J
T	V	R	K	E	E	Z	J	L	E
E	T	E	W	R	T	C	Z	E	T
C	O	U	T	E	A	U	Ç	Z	R

2 **Complète** les recettes. **Écris** le nom des ingrédients ou **cherche** les autocollants page C et **colle-les** au bon endroit.

4 pommes

150 g de ....

150 g de farine ?

90 g de ....

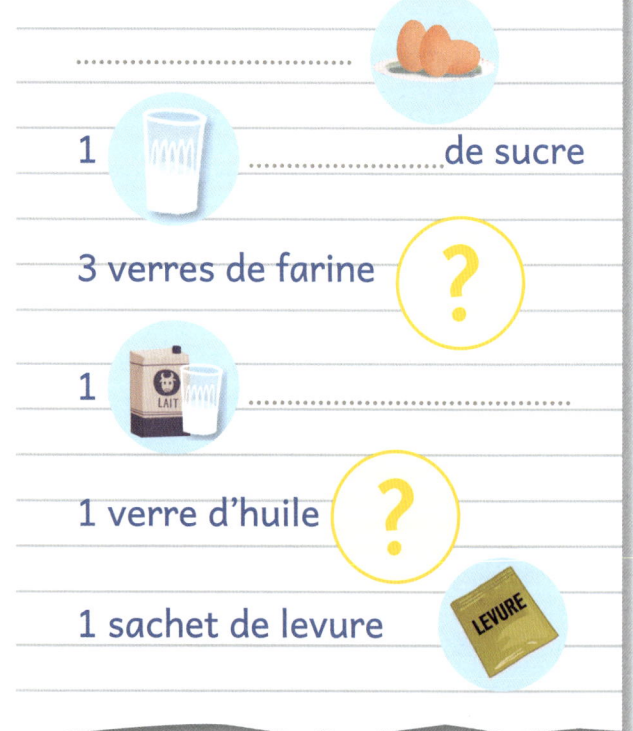

....

1 .... de sucre

3 verres de farine ?

1 ....

1 verre d'huile ?

1 sachet de levure LEVURE

3 **Écoute** la chanson et **réponds**.

A. Complète avec les mots qui manquent.

DES CRÊPES AU CHOCOLAT

Pour faire des crêpes
Pour le gouter :
De la farine, des œufs
Et puis, _mélangez_ !
Pour faire des crêpes
Pour le gouter :
Du sucre, du beurre, du lait,
.... et puis c'est prêt !

.... la pâte
Dans une grande poêle,
Quand c'est cuit d'un côté,
Hop, ... tourner !
.... la pâte
Dans une grande poêle.
Attention, ... !
On veut les manger.

À la fin, ...
Le chocolat,
............................-le ici,
Et ....-le là.

B. À toi ! Invente le rap du diner. Aide-toi des éléments proposés.
Chante avec tes camarades.

Pour faire une omelette
Pour le diner
....
....
....
....
....
....
....
....
....

couper	casser
faire cuire	verser
mélanger	ajouter
faire chauffer	

RIZ

❶ Complète avec **ce**, **cet**, **cette** et **ces**,
écris ce que c'est, **cherche** les autocollants page C
et **colle-les** au bon endroit.

A. On mange ...._ce_......... plat avec une cuillère.
C'est ...._la soupe_......... .

B. .... ustensile sert à cuire les crêpes.
C'est ....

C. Au Vietnam, ... petits bâtons
servent à manger. Ce sont ....

D. .... animal vit dans l'eau. Il nage et
il marche lentement. C'est ....

E. On verse .... boisson sur des céréales.
C'est ....

F. Dans .... magasin, on vend de la viande.
C'est ....

❷ Écoute et **entoure** ce qu'il/elle préfère.

1.

2.

3.

4.

3 Qu'est-ce que tu préfères ?

A. Écris tes réponses.

QUESTIONS	RÉPONSES

1. 🐕 ou 🐱 ? Je préfère cet animal : le chien.

2. le cinéma ou le restaurant ? ....

3. 🍍 ou 🥤 ? ....

4. le gouter ou le diner ? ....

5. 🥞 ou 🍲 ? ....

6. 🚄 ou ✈️ ? ....

B. Pose les questions à ta famille ou à tes amis/es et écris les réponses.

Ma sœur préfère les chats, le cinéma, les fruits, le gouter, la soupe et le train.

....

....

....

....

1 Lis l'invitation et **réponds** aux questions.

> Coucou Emma,
>
> Samedi prochain, le 30 juin, c'est mon anniversaire.
>
> Je t'invite à une fête chez moi. On va manger des bonbons et boire des jus de fruits. On va aussi cuisiner. Mon père va nous apprendre à préparer un plat de soupe traditionnel du Vietnam.
>
> Toi, tu peux apporter des crêpes, si tu veux.
>
> Je t'attends samedi à partir de 11h30.
>
> Mai

A. Qui écrit l'invitation ?

1.    2.    3.

B. Quel jour est la fête ?

....

C. Quel plat ils/elles vont apprendre à préparer pendant la fête ?

1.    2.    3.

D. Qu'est-ce qu'Emma peut apporter à la fête ?

1.    2.    3.

E. À quelle heure commence la fête ?

1.    2.    3.

2 Écoute et **entoure** le bon dessin.

Le singe  si tu entends **s**.   Le zèbre si tu entends **z**.

1.   4.   7.

2.    5.   8.

3.   6.   9.

1 Écoute et écris le numéro qui correspond à chaque image.

A.

B.

C.

D.

2 Colle une photo de ton gouter préféré et décris-le.

5 CAP SUR LES SCIENCES

1 **Lis** et **observe**.

Il y a 5 **familles d'aliments** :
- les **fruits** et **légumes**
- les **viandes**, **œufs** et **poissons**
- le **pain**, les **céréales**, les **pâtes**…
- les **matières grasses** et **produits sucrés** (huile, beurre, bonbons…)
- les **produits laitiers** (lait, fromage, yaourt…)

Pour être en bonne santé, tu dois manger :
- Des fruits et légumes, des produits laitiers et du pain, des céréales ou des pâtes **à chaque repas**.
- De la viande, du poisson ou des œufs **une fois par jour**.

Les matières grasses et les produits sucrés ne sont pas nécessaires tous les jours.

2 **Crée** 4 repas pour être en bonne santé. **Cherche** les autocollants page D et **colle-les** sur les plateaux.

A.

B.

C.

D.

CAP OU PAS CAP ?

1 Avec un/e camarade, **observe** l'image et **réponds** aux questions.

A. Tictac, boum ! Tu as une minute pour dire le maximum de mots.

> **aliments**
>
> **ustensiles**
>
> **verbes pour cuisiner**

B. À ton avis, qu'est-ce qu'ils préparent ? Dis les ingrédients.

C. Nicolas explique la recette à Gabriel et à Mai. Qu'est-ce qu'il dit ?

D. Gabriel invite Mai. Joue la scène avec ton/ta camarade.

A. Réponses libres. **B.** Des crêpes. Des œufs, de la farine, du sucre, du lait, de l'huile, du beurre. **C.** Réponse possible : Mettez la farine dans un bol et cassez les œufs. **D.** Réponses libres.

2 Et toi, qu'est-ce que tu sais faire ? **Coche** la/les case/s qui correspond/ent et **colle** ton autocollant. **Cherche-le** page D.

> › Je sais inviter quelqu'un. ☐
>
> › Je sais lire une recette. ☐
>
> › Je sais expliquer une recette. ☐
>
> › Je sais parler des repas. ☐
>
> › Je sais accepter ou refuser une invitation. ☐

?

1 Écris le nom des instruments.
Écoute et associe au son qui correspond. 30

A. ☐

le piano

B. ☐

....

C. ☐

....

D. ☐

....

E. ☐

....

2 Qu'est-ce qu'il/elle aime faire ? Observe et écris des phrases.

	🎸	🎹	🎭	🩰	🎨	🎵
Sen	❤️❤️	❤️	❤️̸			
Luc		❤️̸❤️̸	❤️			❤️❤️
Dao				❤️❤️	❤️̸	❤️

Sen adore jouer de la guitare...

....

....

....

3 Et toi ? Qu'est-ce que tu aimes faire ? **Dessine** et **écris**.

J'aime...

....

....

....

....

4 **Écoute** la chanson. **Cherche** les autocollants page D
et **colle-les** au bon endroit.

1 **Observe, lis** et **réponds**.

A. Vrai ou faux ? Entoure la bonne lettre.

	VRAI	FAUX
1. Le roi porte un costume bleu.	H	R
2. La reine est sur le grand bateau avec le roi.	E	A
3. La princesse porte un costume vert et est sur le grand bateau.	N	M
4. La reine est à côté d'une sorcière.	T	O
5. Il y a un monstre rouge dans la rivière.	S	Ï

B. Complète la phrase avec les lettres de l'activité A.

Au Vietnam, on peut voir un spectacle de marionnettes
sur l'eau à H _ _ _ _ _ .

2 **Écoute. Cherche** les autocollants page D
et **colle-les** au bon endroit.

3 En quoi ils/elles se déguisent ?
Quels costumes ils/elles portent ? **Observe** et **écris**.

A.

Ils se déguisent en fruits et légumes. Ils portent des costumes de fruits et légumes.

B.

....
....
....

C.

....
....
....

D.

....
....
....

4 Et toi ? En quoi tu aimes te déguiser ? Pourquoi ? **Écris**.

....
....
....

5 **Écoute** et **écris** le caractère des personnages.

A.

courageuse

B.

....

C.

....

D.

....

E.

....

1 **Choisis** 5 dessins et **invente** une histoire.
Écris les différentes parties de ton histoire.

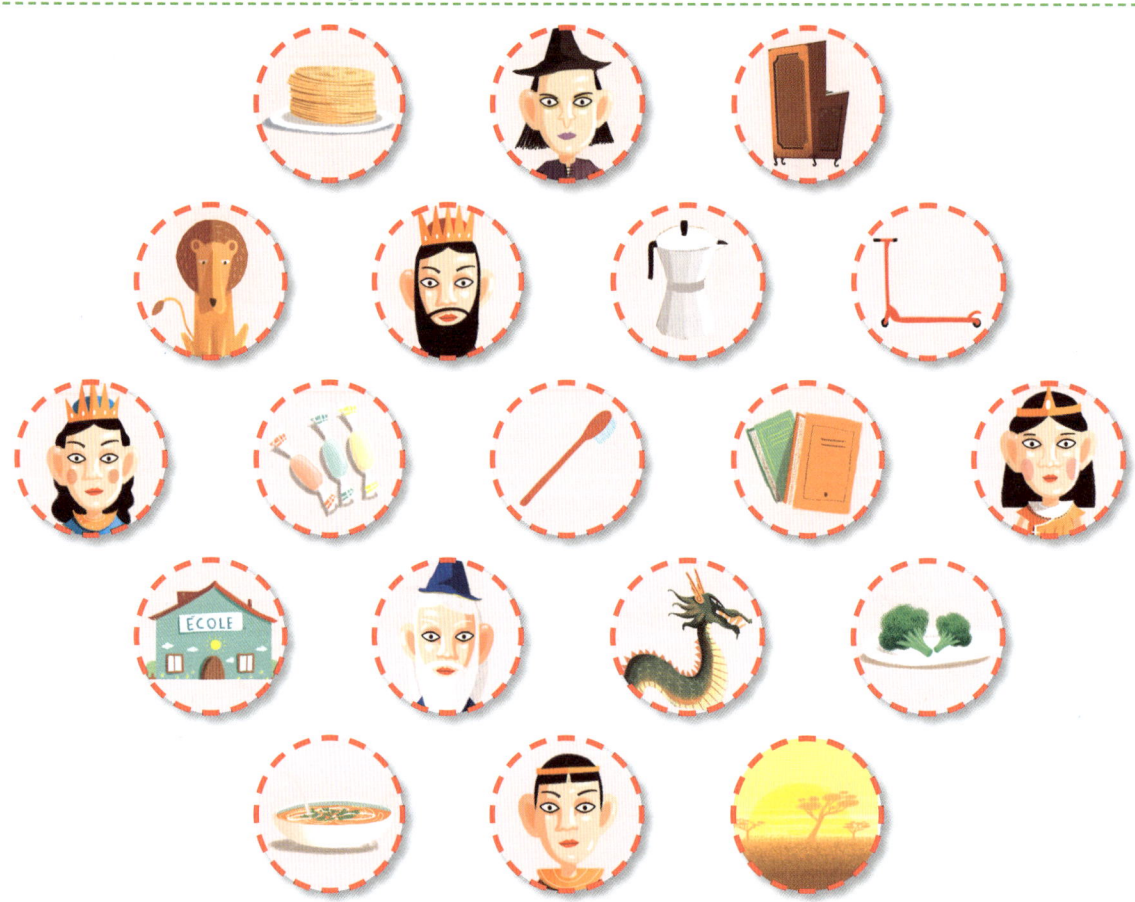

Au début, ...
....
Un jour, ...
....
Ensuite, ...
....
Puis, ...
....
Alors, ...
....
Enfin, ...
....

2 **Écoute** et **coche** la photo qui correspond à la description.

A. ☐

B. ☐

3 Qu'est-ce qu'ils/elles sont en train de faire ? **Observe** et **écris**.

1.

Il est en train de jouer du piano.

2.

Elle

3.

Ils

4.

Elles

1 **Écoute** et **entoure** de la bonne couleur.

🖌 Tu entends **an** comme dans gr**an**d.   🖌 Tu entends **on** comme dans avi**on**.

1.    2.    3.    4.    5.    6.

2 **Lis**, **observe** et **complète**.

Au début, le roi et la reine vivent à côté d'une  rivière.

Ils ont une fille : une jolie  .... courageuse.

Un jour, le roi nage dans la rivière. Il voit une drôle de  ....

verte. Il est  .... et il  ....

la queue.

Ensuite, il voit que c'est la queue d'un  ....

Le dragon est  .... Il veut manger le roi.

Le roi  .... : « Au secours ! »

Alors, la reine et la princesse arrivent à la rivière.

La princesse dit : « Il faut  .... papa ! »

Puis, la princesse enlève ses chaussures et elle  ....

une chaussure sur la tête du dragon.

Enfin, le dragon a peur et il part. Le roi sort de l'eau et tout finit bien.

MISSION DÉCOUVERTE

LES SPECTACLES DE DANSE DANS LE MONDE

1 Écoute et associe une danse avec un pays et une photo.

1. **le haka**

A. **Brésil**

a.

2. **la danse céilí**

B. **Nouvelle-Zélande**

b.

3. **le frevo**

C. **Irlande**

c.

4. **le kathakali**

D. **Inde**

d.

2 Quel spectacle de l'activité 1 tu préfères ? **Explique** pourquoi.

....

....

....

6 CAP SUR LA MUSIQUE

1 Lis.

Il y a 3 **familles d'instruments** :

- les **instruments à cordes**, comme la **guitare** ou le **violon**. Le musicien touche les cordes. Le **piano** aussi est un instrument à cordes !

> On touche les cordes d'une guitare.

- les **instruments à vent**, comme la **flute**, le **saxophone** ou la **trompette**. Pour en jouer, il faut souffler très fort !

> On souffle dans une flute.

- les **instruments à percussion**, comme le **djembé** ou la **batterie**. On doit frapper ces instruments avec les mains ou avec des baguettes, ou bien les secouer, comme pour les **maracas** !

> On frappe un tambour avec des baguettes.

---

2 **Écris** le nom de ces instruments.
Cherche dans le texte.

A.

un ....

B.

une ....

C.

des ....

D.

un ....

3 **Cherche** les autocollants page D
et **colle-les** dans la bonne colonne.

CAP OU PAS CAP ?

① Avec un/e camarade, **choisis** un personnage et **aide-le** à retrouver son chapeau ou sa couronne. **Réponds** aux questions.

JOUE

Comment est cette femme ?

Qu'est-ce que la reine adore ?

Qu'est-ce que c'est ?

Qu'est-ce que c'est ?

Elle joue de quel instrument ?

Dis un mot où tu entends le son de gr**an**d et un mot où tu entends le son d'avi**on**.

Comment est cet homme ?

Qu'est-ce qu'elle est en train de faire ?

Qu'est-ce qu'il est en train de faire ?

Qu'est-ce que le sorcier déteste ?

Il joue de quel instrument ?

La reine : Elle adore jouer de la flûte. – C'est un dragon. – Elle joue du violon. – Réponse libre. – Il est méchant. – Elle est en train de peindre. **Le sorcier :** Elle est dangereuse/méchante. – C'est un monstre. – Réponse libre. – Il est en train de manger (de la pastèque). – Il joue du piano. – Il déteste faire du théâtre.

② Et toi, qu'est-ce que tu sais faire ? **Coche** la/les case/s qui correspond/ent et **colle** ton autocollant. **Cherche-le** page D.

> Je sais parler des activités culturelles et artistiques. ☐

> Je sais raconter une histoire. ☐

> Je sais décrire le caractère de quelqu'un. ☐

> Je sais dire ce que quelqu'un est en train de faire. ☐

?

CAP SUR LE DELF PRIM A1

⇨ Je découvre l'examen

Épreuve	Exercices	⏱	/ 100
Compréhension de l'oral	2 exercices	15 minutes	25 points
Compréhension des écrits	3 exercices	15 minutes	25 points
Production écrite	2 exercices	15 minutes	25 points
Production orale	3 exercices	15 minutes	25 points

⇨ Je comprends les consignes

	Je coche la bonne réponse.
	J'entoure la bonne réponse.
	J'écris le bon numéro.
	J'écris la bonne réponse.

1 Observe, écoute et écris le numéro qui correspond à chaque image.

A.

B.

C.

D.

2 Écoute, observe et entoure les bonnes réponses.

A. Nicolas est au marché. Combien coutent les courses ?

1.    **2.**    **3.**

B. Léa rêve d'apprendre quelle/s langue/s ?

1.    **2.**   **3.**    **4.**    **5.**    **6.**

C. À quelle heure est le bus pour aller au parc national ?

1.    **2.**    **3.**

D. Qu'est-ce qui est interdit ?

1.    **2.**    **3.**

E. Qu'est-ce qu'Hector doit apporter ?

1.    **2.**    **3.**

COMPRÉHENSION DES ÉCRITS

1 **Lis** le message de Samia et **réponds** aux questions.

> Bonjour ! Je vous propose de visiter le parc naturel avec moi demain. Cela va être super ! Le matin, nous allons prendre le train pour observer des gorilles et des lions dans la savane. Ensuite, nous allons faire un safari photo.
>
> Vous allez photographier un crocodile pour votre carnet de voyage. L'après-midi, nous allons visiter l'hôpital des animaux du parc. Nous allons rentrer tard en autobus.
>
> Samia

A. Samia propose de faire quoi ? ....

B. On peut observer quels animaux dans la savane ? (2 réponses attendues.)

1.    2.    3.    4.    5.

C. Qu'est-ce qu'il faut photographier pour le carnet de voyage ?

....

D. Comment ils vont rentrer ?

1.    2.    3. 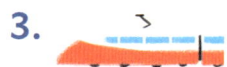   4.    5.

2 **Lis** le document et **coche** les bonnes réponses.

Nouveau message	_ ⟊ ✕
De : Maxime	
À : Hector	
Objet : Sortie au cinéma	

Salut, Hector !
Tu es libre mercredi après-midi ? Je veux aller voir le dernier *Spider-Man* au cinéma.
Si tu veux, nous pouvons nous retrouver devant la gare à 13h30. Le film commence à 14h et le cinéma est sur la place, à côté de la bibliothèque.
Après le film, nous pouvons manger une pizza dans le centre-ville. Je ne peux pas rentrer tard, parce que je dois aller chez le dentiste à 17h30.
Réponds-moi ou appelle-moi ! À plus !
Maxime

A ☺ 🖇 🗑   ENVOYER | ▼

A. Maxime invite Hector...

1. ☐ au restaurant.   **2.** ☐ au cinéma.   **3.** ☐ à la bibliothèque.

B. Quel jour est l'invitation ?

1. ☐ Samedi.   **2.** ☐ Jeudi.   **3.** ☐ Mercredi.

C. À quelle heure est le rendez-vous ?

1. ☐   **2.** ☐   **3.** ☐

D. Qu'est-ce qu'Hector et Maxime peuvent faire après le film ?

1. ☐ Jouer de la 🎸   **2.** ☐ Manger une 🍕   **3.** ☐ Prendre le 🚆

3 Tu veux préparer cette recette de l'omelette aux pommes de terre.
Lis les instructions et **écris** le numéro de l'instruction
qui correspond à chaque image.

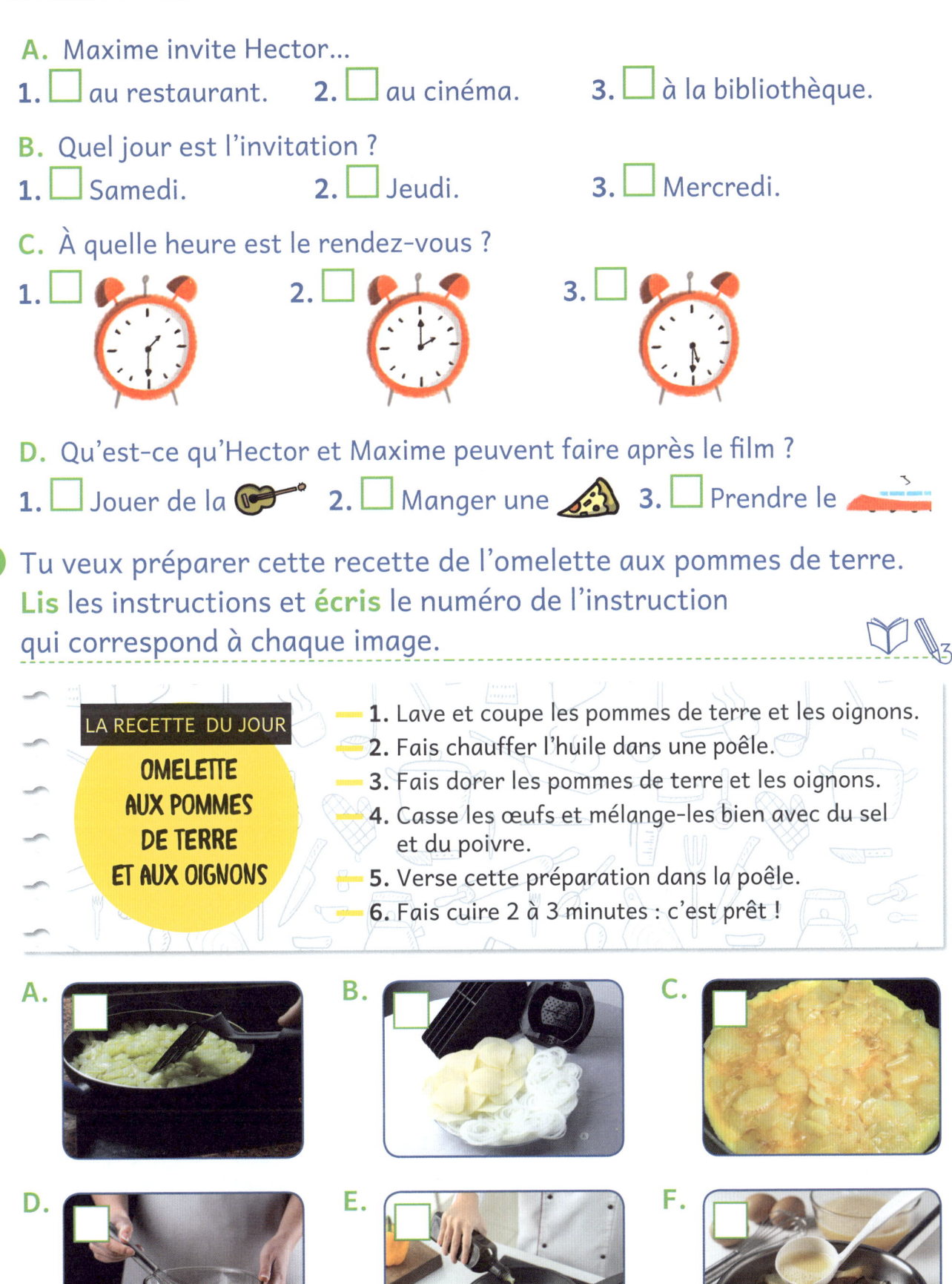

LA RECETTE DU JOUR

OMELETTE AUX POMMES DE TERRE ET AUX OIGNONS

1. Lave et coupe les pommes de terre et les oignons.
2. Fais chauffer l'huile dans une poêle.
3. Fais dorer les pommes de terre et les oignons.
4. Casse les œufs et mélange-les bien avec du sel et du poivre.
5. Verse cette préparation dans la poêle.
6. Fais cuire 2 à 3 minutes : c'est prêt !

A. ☐   **B.** ☐   **C.** ☐

D. ☐   **E.** ☐   **F.** ☐

PRODUCTION ÉCRITE

1 Ton école organise un voyage scolaire en France.
Tu veux participer. **Remplis** la fiche d'inscription.

Voyage scolaire en France

Fiche d'inscription

Prénom : ....

Nationalité : ....

Adresse : ....

....

Âge : ....

Sexe : ....

Nombre de frères et sœurs : ....

....

Matière/s préférée/s : ....

....

Langue/s parlée/s : ....

....

Activité/s préférée/s : ....

....

Plat/s préféré/s : ....

....

Couleur/s préférée/s : ....

....

❷ **Écris** à ton/ta correspondant/e francophone. **Raconte-lui**
une journée de vacances : à quelle heure tu te lèves/tu te couches,
qu'est-ce que tu manges, qu'est-ce que tu visites,
les activités que tu préfères ? Tu peux t'aider des illustrations.
Tu dois écrire 8 à 10 lignes.

PRODUCTION ORALE

1 **Écoute** et **réponds** aux questions.

2 **Observe** les images. Qu'est-ce que tu vois ? **Raconte.**

HISTOIRE 1

SUPER DÎNER AVEC NOS AMIS VIETNAMIENS MAÏ, SES PARENTS ET SA PETITE SŒUR

HISTOIRE 2

LE RÉVEIL DE SÉLÈNE

HISTOIRE 3

HÔPITAL DES ANIMAUX DU PARC

PARC NATIONAL

PARC NATIONAL
2 adultes
3 enfants
billet d'entrée
prix 12000 FRW

PARC NATIONAL
2 adultes
3 enfants
prix 12000 FRW

3 **Choisis** une situation et **joue-la**. 💬

Situation 1

AU MARCHÉ

Tu es en France, tu dois acheter des ingrédients pour préparer ton gâteau d'anniversaire. Tu vas à l'épicerie, tu demandes le prix et tu dis quelle quantité tu veux. Tu paies. L'examinateur/trice joue le rôle du/de la vendeur/euse.

Situation 2

LES ACTIVITÉS CULTURELLES

Tu es en France chez ton/ta correspondant/e français/e. Vous voulez faire une activité culturelle. Vous allez à la billeterie d'un grand magasin. Vous choisissez une activité et vous achetez les billets. L'examinateur/trice joue le rôle du/de la vendeur/euse.

GLOSSAIRE

je me réveille

je me lève

je me lave

je m'habille

je me brosse les dents

je me couche

je dors

LES MOMENTS
DE LA JOURNÉE

LES ACTIVITÉS
QUOTIDIENNES

MA JOURNÉE

le matin

le midi

le midi sun image

l'après-midi

le soir

la nuit

LES REPAS
DE LA JOURNÉE

le diner

le petit déjeuner

le gouter

le déjeuner

SE SITUER DANS LE TEMPS

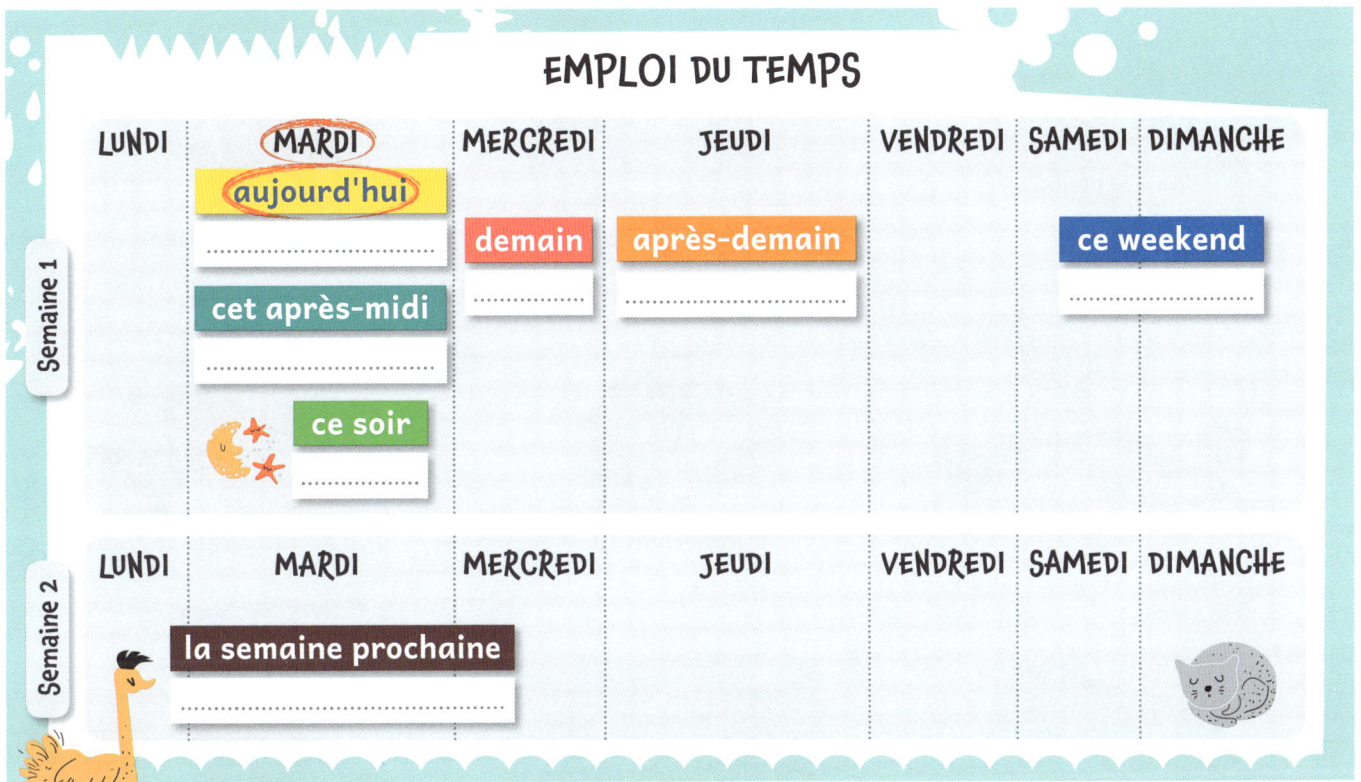

EMPLOI DU TEMPS

	LUNDI	MARDI	MERCREDI	JEUDI	VENDREDI	SAMEDI	DIMANCHE
Semaine 1		aujourd'hui / cet après-midi / ce soir	demain	après-demain		ce weekend	
Semaine 2	la semaine prochaine						

le vendeur/la vendeuse

le pharmacien/la pharmacienne

le/la vétérinaire

LES MÉTIERS

le docteur/la docteure

le navigateur/la navigatrice

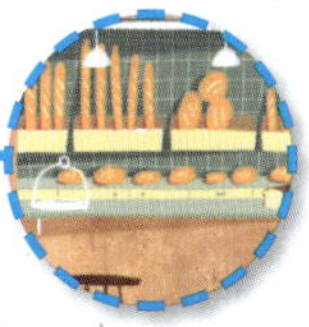

le professeur/la professeure

le boulanger/la boulangère

le/la journaliste

le/la photographe

GLOSSAIRE

LES LIEUX DE LA VILLE

l'école

la gare

le salon de coiffure

le parc

le restaurant

le cinéma

la bibliothèque

le port

le marché

LES QUANTITÉS

cinq bouteilles de...

un kilo de...

un paquet de...

une cuillère de...

300 grammes de...

un verre de...

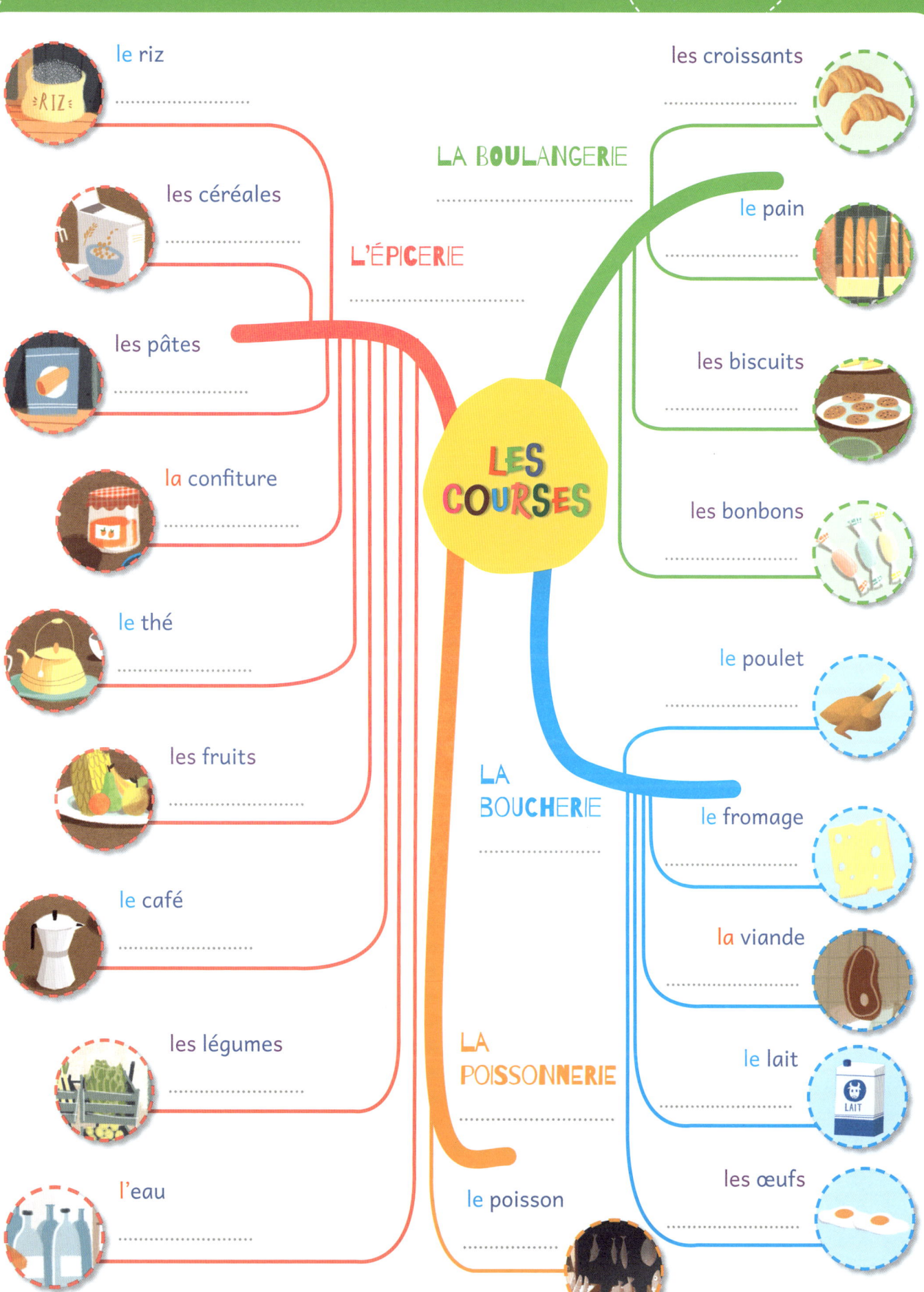

A B C

le riz

les céréales

les pâtes

la confiture

le thé

les fruits

le café

les légumes

l'eau

LA BOULANGERIE

L'ÉPICERIE

LES COURSES

LA BOUCHERIE

LA POISSONNERIE

le poisson

les croissants

le pain

les biscuits

les bonbons

le poulet

le fromage

la viande

le lait

les œufs

GLOSSAIRE

LES NOMBRES DE 1 À 100 000

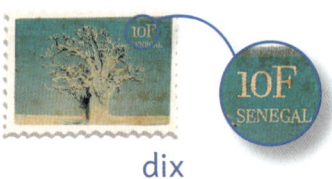

10F
SENEGAL

dix

....

20F

vingt

....

25F
SENEGAL

vingt-cinq

....

50F
SENEGAL

cinquante

....

85F
SENEGAL

quatre-vingt-cinq

....

100F

cent

....

500
18703858688 T
500

cinq-cents

....

2000
03397398382 A
2000

deux-mille

....

PARIS 4000 KM
SYDNEY 17000 KM
LONDRES 4500 KM
NEW YORK 6000 KM
BUENOS AIRES 7000 KM
PÉKIN 12000 KM
TOKYO 14000 KM
KIGALI 5000 KM

quatre-mille

....

dix-sept-mille

....

quatre-mille-cinq-cents

....

six-mille

....

sept-mille

....

douze-mille

....

quatorze-mille

....

cinq-mille

....

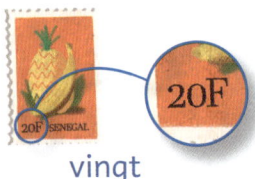

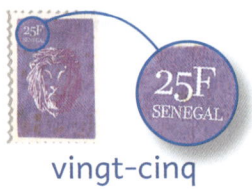

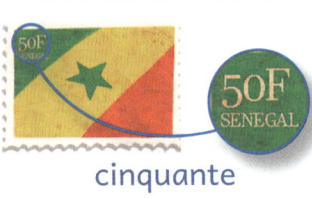

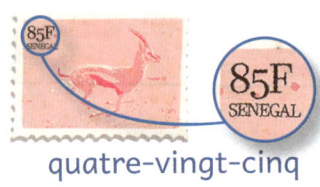

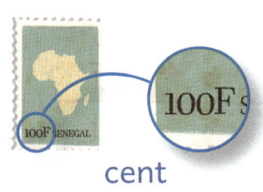

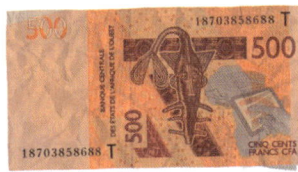

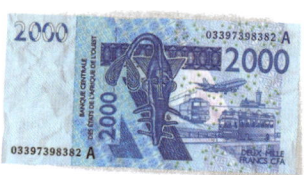

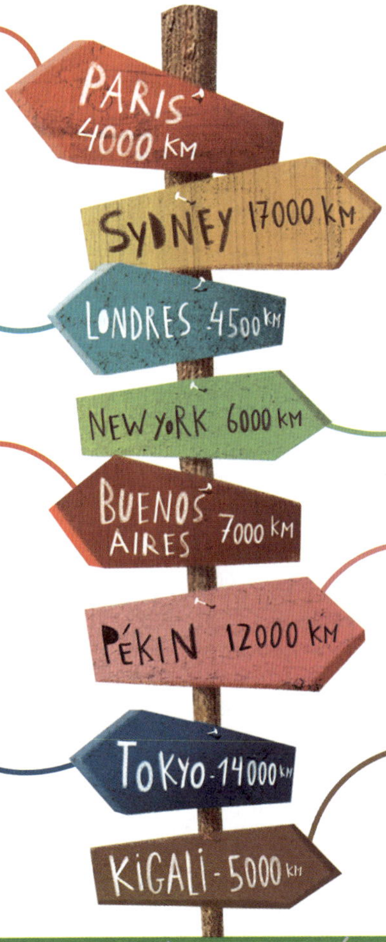

le lac

....

la rivière

....

la montagne

....

LES PAYSAGES

....

le désert

....

la savane

....

la mer

....

la jungle

....

la forêt

....

EN VOYAGE, JE DÉCOUVRE...

les États-Unis
améric**ain**/**e**

....

le Canada
canad**ien**/**ne**

....

la Chine
chin**ois**/**e**

....

LES NATIONALITÉS

....

l'Italie
ital**ien**/**ne**

....

le Mexique
mexic**ain**/**e**

....

la France
franç**ais**/**e**

....

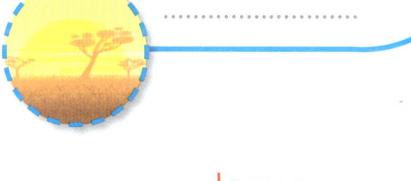

GLOSSAIRE

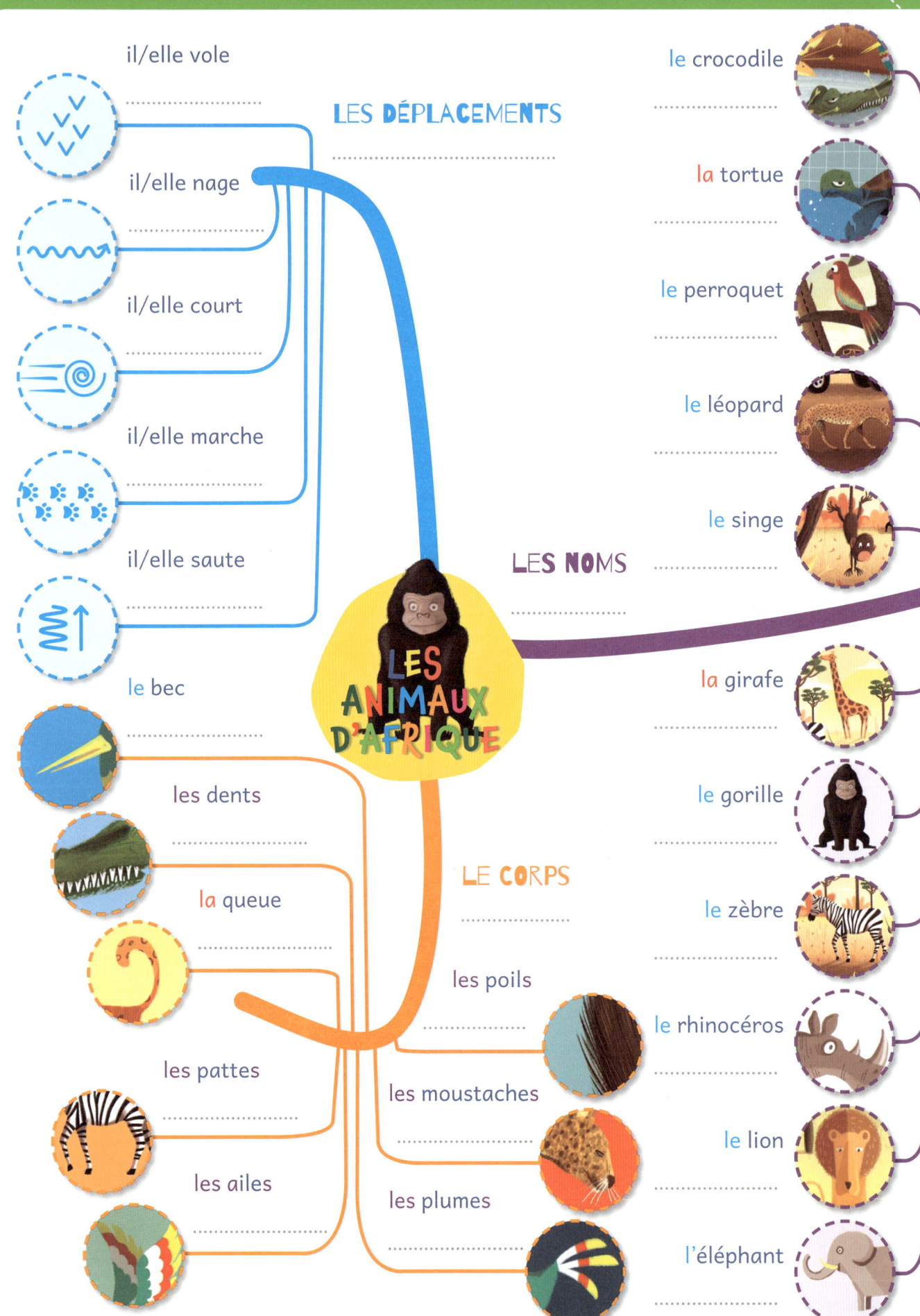

il/elle vole

LES DÉPLACEMENTS

il/elle nage

il/elle court

il/elle marche

il/elle saute

LES NOMS

LES ANIMAUX D'AFRIQUE

le crocodile

la tortue

le perroquet

le léopard

le singe

la girafe

le gorille

le zèbre

le rhinocéros

le lion

l'éléphant

le bec

les dents

la queue

LE CORPS

les pattes

les poils

les moustaches

les ailes

les plumes

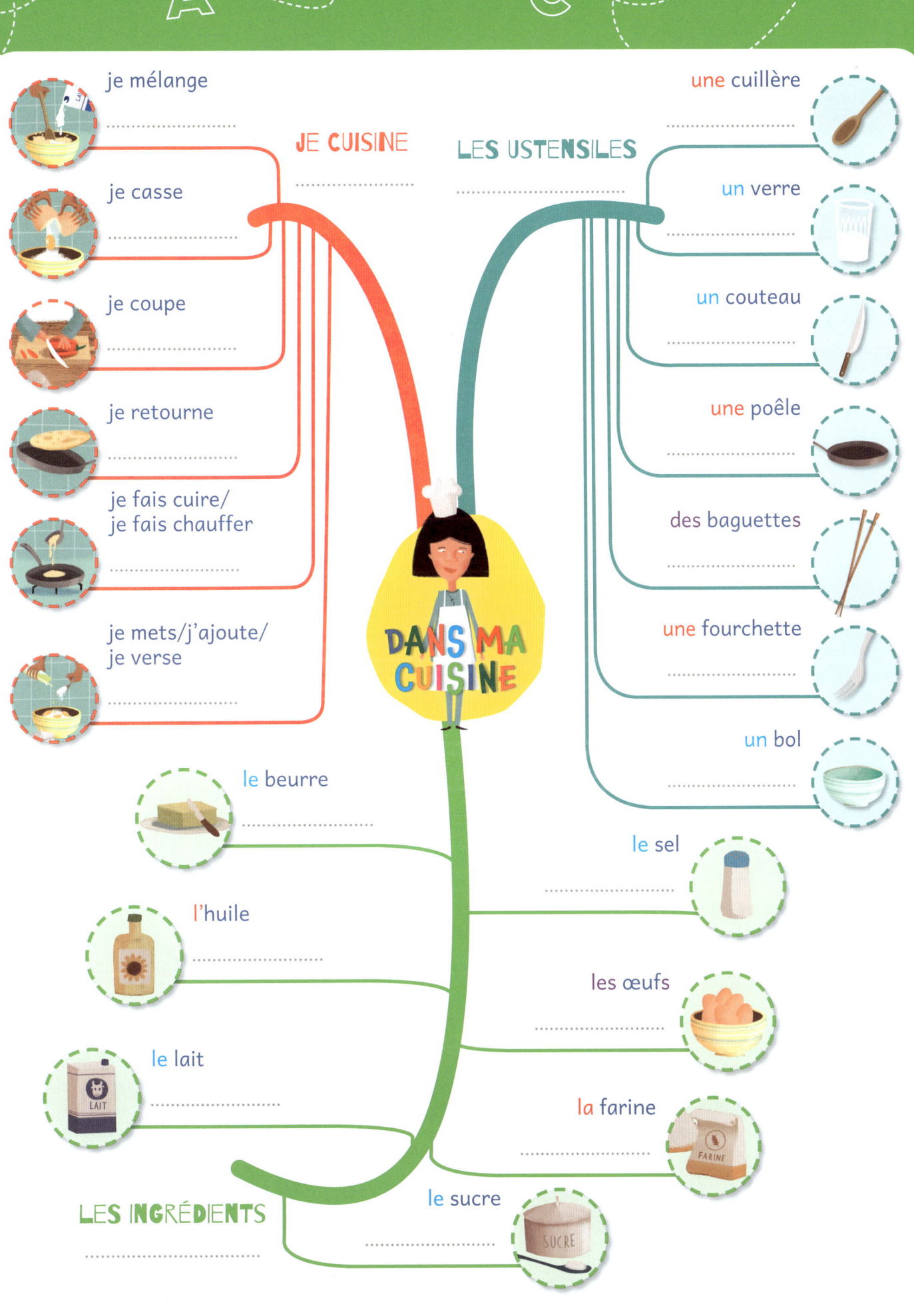

je mélange

JE CUISINE

LES USTENSILES

une cuillère

je casse

un verre

je coupe

un couteau

je retourne

une poêle

je fais cuire/
je fais chauffer

des baguettes

je mets/j'ajoute/
je verse

une fourchette

un bol

le beurre

le sel

l'huile

les œufs

le lait

la farine

LES INGRÉDIENTS

le sucre

DANS MA CUISINE

GLOSSAIRE

LES INSTRUMENTS DE MUSIQUE

la flute   la guitare   le tambour   le violon   le piano

LES ACTIVITÉS CULTURELLES ET ARTISTIQUES

le théâtre   la peinture   la danse   la musique

LES DÉGUISEMENTS

le costume   la couronne

la cape   le masque

la robe   le chapeau

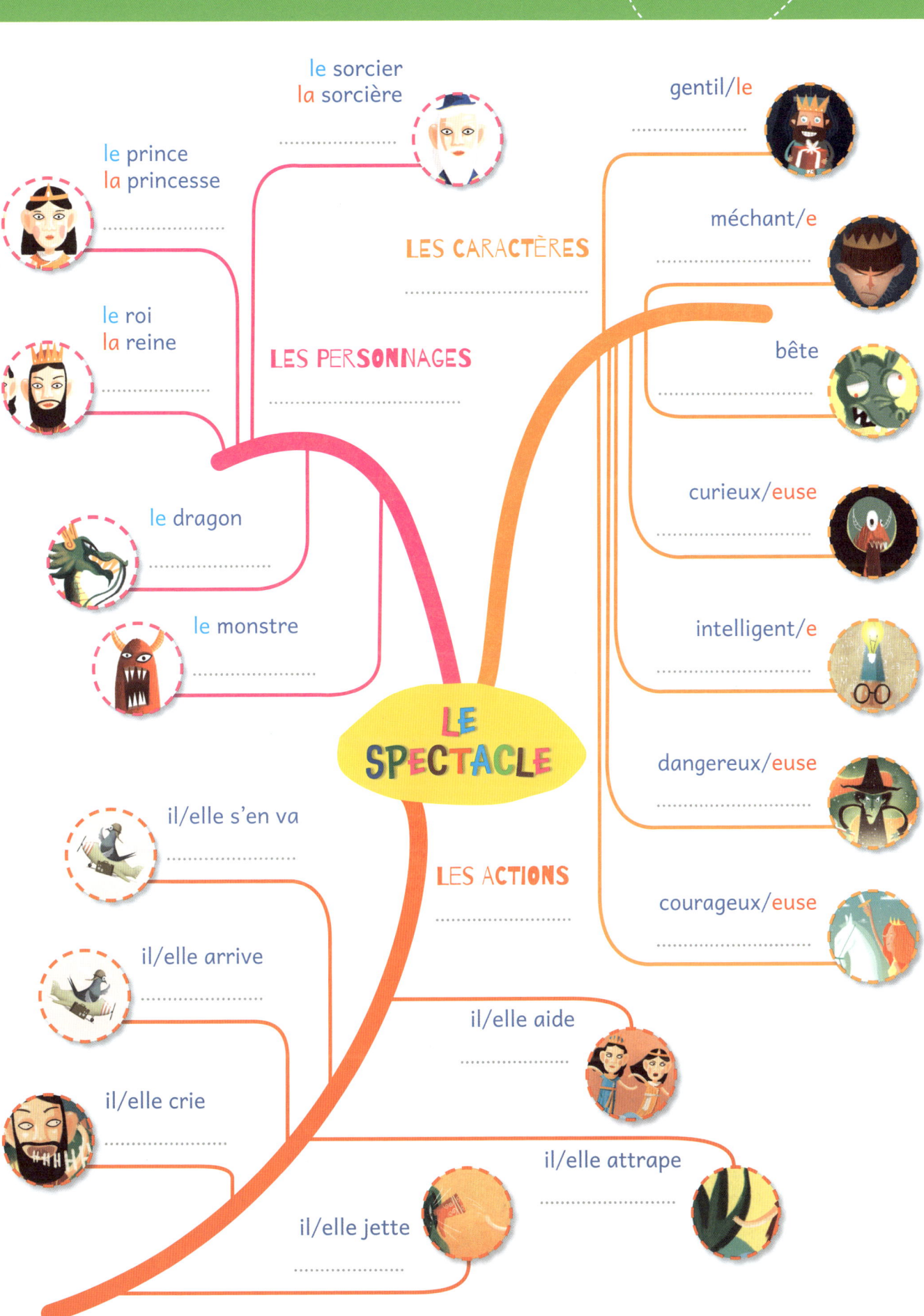

le sorcier
la sorcière

gentil/le

le prince
la princesse

méchant/e

LES CARACTÈRES

le roi
la reine

bête

LES PERSONNAGES

le dragon

curieux/euse

le monstre

intelligent/e

LE SPECTACLE

dangereux/euse

il/elle s'en va

courageux/euse

LES ACTIONS

il/elle arrive

il/elle aide

il/elle crie

il/elle attrape

il/elle jette

CHANSONS

UNITÉ 1

♫ TICTAC

Tictac, tictac,
Quelle heure il est ?
Il est 8 heures,
L'heure de se lever.

Tictac, tictac,
Je ne veux pas y aller,
Mais le réveil
N'arrête pas de sonner.

Tictac, tictac,
Le petit déjeuner !
Je n'ai pas le temps,
Je bois juste mon lait.

Tictac, tictac,
Je me brosse les dents
Et autour de ma bouche,
Ça reste tout blanc.

Tictac, tictac,
Où sont mes vêtements ?
Je les mets à l'envers
Et je pars en courant.

Ce matin, c'est la grande course
Pour arriver à l'école,
Mais ça y est, je suis là !
« Bonjour, madame Nicole ! » (x2)

Tictac, tictac,
Quelle heure il est ?
Il est 9 heures,
On peut commencer !

UNITÉ 2

♫ AU MARCHÉ DE TAMBACOUNDA

En été, j'achète des fruits sucrés (x2)
Au marché de Tambacounda. (x4)

En automne, j'achète des bonnes pommes (x2)
Au marché de Tambacounda. (x4)

Ce marché est très joli,
Plein de légumes et de fruits.
Tous les vendeurs me sourient,
J'aime bien faire mes courses ici.

En hiver, j'achète des légumes verts (x2)
Au marché de Tambacounda. (x4)

Au printemps, j'achète un melon blanc (x2)
Au marché de Tambacounda (x4)

Ce marché est très joli,
Plein de légumes et de fruits.
Tous les vendeurs me sourient,
J'aime bien faire mes courses ici.

Au marché de Tambacounda. (x2)

UNITÉ 3

♫ JE NE SAIS PAS QUOI CHOISIR

Je veux être boulangère
Pour faire de bons gâteaux.
Je veux être photographe
Et faire de belles photos.
Je veux être docteure
Pour soigner les bobos.
Je veux être épicière
Et vendre des Chamallows.

Je ne sais pas quoi choisir
J'aime beaucoup tous les métiers.
J'attends d'être grande
Pour me décider. (x2)

Je veux être navigateur
Pour faire plein de voyages.
Je veux être vendeur
De cahiers de coloriage.
Je veux être vétérinaire
Pour bien soigner les singes.
Je veux être professeur
Et avoir des élèves sages.

Je ne sais pas quoi choisir
J'aime beaucoup tous les métiers.
J'attends d'être grand
Pour me décider. (x2)

UNITÉ 4

♫ EST-CE QUE TU PEUX ?

Est-ce que tu peux sauter
Comme les singes dans la jungle ?
Est-ce que tu peux sauter
Debout sur un seul pied ?

Oui, je peux sauter,
comme les singes dans la jungle.
Je vais te montrer,
tu vas être étonné/e !

Est-ce que tu peux manger
Comme font les crocodiles ?
Est-ce que tu peux manger
Une girafe en entier ?

Non, je ne peux pas manger,
comme font les crocodiles,
Mais je peux faire semblant,
ça peut être amusant.

Est-ce que tu peux marcher
Lentement comme une tortue ?
Est-ce que tu peux marcher
Lentement sans te presser ?

Oui, je peux marcher,
lentement comme une tortue.
Je vais te montrer,
tu vas être étonné/e !

Est-ce que tu peux voler
D'ici jusqu'aux nuages ?
Est-ce que tu peux voler
Comme font les perroquets ?

Non, je ne peux pas voler,
d'ici jusqu'aux nuages,
Mais je peux faire semblant,
ça peut être amusant.

UNITÉ 5

♫ DES CRÊPES AU CHOCOLAT

Pour faire des crêpes
Pour le gouter :
De la farine, des œufs
Et puis, mélangez !
Pour faire des crêpes
Pour le gouter :
Du sucre, du beurre, du lait,
Tournez et puis c'est prêt !

Mettez la pâte
Dans une grande poêle.
Quand c'est cuit d'un côté,
Hop, faites tourner !
Mettez la pâte
Dans une grande poêle.
Attention, ne pas bruler !
On veut les manger.

À la fin, ajoutez
Le chocolat.
Mettez-le ici,
Et mettez-le là.
À la fin, ajoutez
Le chocolat.
Mangez, mangez, mangez,
Ce super bon repas !

Aujourd'hui, au gouter,
Des crêpes au chocolat ! (x2)

UNITÉ 6

♫ ON AIME FAIRE DU ROCK

Bienvenu/e au grand spectacle,
Prépare-toi à bien danser,
Ouvre grand tes deux oreilles,
Le concert va commencer.

Nous sommes la famille Cousteau,
On voyage autour du monde
Et des fois, pour s'amuser,
On aime faire danser
tout le monde.

La, la, la, la, la, la, la, la
On aime faire du rock,
En famille, c'est génial !
La, la, la, la, la, la, la, la
Si tu aimes danser,
Lève tes bras ! (x2)

Emma joue de la guitare,
Gabriel joue du violon,
Hector tape sur le tambour
Et, le chanteur, c'est Gaston.

Amélie joue de la flute,
Nicolas joue du piano,
Le public, content, écoute,
C'est le concert des Cousteau !

La, la, la, la, la, la, la, la
On aime faire du rock,
En famille, c'est génial !
La, la, la, la, la, la, la, la
Si tu aimes danser,
Lève tes bras ! (x2)

LA CARTE DU MONDE

OCÉAN ATLANTIQUE

OCÉAN PACIFIQUE

N

O

E

S

OCÉAN ANT

OCÉAN ARCTIQUE

OCÉAN PACIFIQUE

8.848m

EVEREST

DITERRANÉE

OCÉAN INDIEN

QUE

NOTES

NOTES

Autrices
Pauline Grazian (unités 0, 2, 4), Gwendoline Le Ray (unités 3, 5), Hélène Simon (unités 1, 6), Stéphanie Pace (DELF Prim)

Coordination éditoriale et pédagogique
Aurore Baltasar, Virginie Karniewicz

Illustrations
Robert Garcia (Gaur estudio)
Cristina Torrón

Reportage photographique
Celina Bordino

Couverture
Laurianne López

Conception graphique
Cristina Muñoz Idoate

Mise en page
Ana Varela García

Autocollants
Cristina Muñoz Idoate

Correction
Martine Chen

Autrice, compositrice, interprète
Anna Roig

Arrangements musicaux
Magí Batalla et Cadu Medeiros

Enregistrements
Blind Records

Locuteurs/locutrices
David Bocian, Mathilde Eloy, Hilaire Besse, Charlotte Balabaud
Anouk, Isée, Juliette, Paul, Pol, Sacha

Crédits photographiques
Unité 0 p.7 Istock/MaxTopchij; Istock/ArtMarie; Istock/GeorgeRudy; Istock/kali9; Istock/FingerMedium
Unité 1 p.12 Adobestock/dimedrol68; Istock/NadejdaReid; Istock/sam74100; Istock/PeopleImages; Istock/FG Trade; Istock/PRImageFactory; Istock/lisegagne; Istock/Milan_Jovic; p.14 Istock/koosen; Istock/Viorika; Istock/seraficus; Istock/Inok; Istock/MARHARYTA MARKO; Istock/Elnur; Istock/MaksimYremenko; p.17 Istock/martin-dm; Istock/fbxx; Adobestock/lalalululala; Adobestock/Maksim; Adobestock/rashadaliyev; Adobestock/Neyro; p.18 Adobestock/Svitlana; Adobestock/Emelianov Evgenii; Istock/tovovan
Unité 2 p.20 Adobestock/Monkey Business; Istock/skynesher; Istock/Serjio74; Istock/JolieSh; Istock/FangXiaNuo; Istock/PocholoCalapre; Adobestock/golubsergei; p.22 Istock/omersukrugoksu; Istock/tongwongboot; Istock/egal; Istock/Magone; Adobestock/Simone; Istock/chekyfoto; Adobestock/Dmitry Koksharov; Istock/zeljkosantrac; Istock/Sergei Gnatiuk; Istock/mediaphotos; Istock/Wavebreakmedia; p.23 Istock/Bet_Noire; p.24 Adobestock/MicroOne; Adobestock/gavran333; p.25 Dreamstime/ Sergei Nezhinskii; Dreamstime/ Sergei Nezhinskii; Adobestock/Blue Moon; Dreamstime/ Sergei Nezhinskii; Dreamstime/ Sergei Nezhinskii; Istock/fcafotodigital; Istock/AlexLMX; Istock/Andyd; Istock/xamtiw; Istock/rusm; Adobestock/AKim; 26 Adobestock/vitals; Adobestock/Maria Vazquez; Adobestock/Tiler84; Adobestock/Barbara Pheby; Adobestock/laufer; Istock/YaroslavKryuchka; Adobestock/md3d; Adobestock/Jiri Hera; p.27 Adobestock/Chlorophylle; Adobestock/isaac_l_mesa; Dreamstime/Alien185; Istock/GMVozd; p.28 Adobestock/womue; Adobestock/sveta; Adobestock/alexlukin; Adobestock/volff; Adobestock/Tiler84; Adobestock/Africa Studio; Adobestock/Mara Zemgaliete; Adobestock/fosupaksorn; Adobestock/iprachenko; Istock/fcafotodigital; p.29 Istock/hocus-focus
Unité 3 p.30 Adobestock/Marc; Adobestock/Vikivector; Adobestock/matoommi; p.31 Istock/Boarding1Now; Istock/Nikada; Istock/aydinmutlu; Istock/kafl; Adobestock/sebra; Adobestock/gparigot; Adobestock/realstock1; Adobestock/milani01; Adobestock/ZoneCreative; Istock/fcafotodigital; Istock/izusek; Adobestock/helivideo; p.33 Istock/SerrNovik; Istock/LSOphoto; Istock/Starcevic; Istock/FangXiaNuo; Adobestock/Alliance; Adobestock/travnikovstudio; Adobestock/Web Buttons Inc; p.35 Istock/Eva-Katalin; Istock/MarioGuti; Istock/SDI Productions; Istock/4x6; Istock/mbbirdy; Istock/vgajic; Istock/ajr_images; Istock/SolStock; p.36/Istock/lukbar; Istock/lukbar; p.37 Istock/aydinmutlu; Istock/stockstudioX; Istock/JurgaR; Istock/hopsalka; Istock/alexsl; p.38 Istock/FrankRamspott; p.39 adobe stock/Archer7
Unité 4 p.43 Istock/GlobalP; Istock/Antagain; Istock/esvetleishaya; Istock/MirekKijewski; p.45 Istock/Rixipix; p.48 Istock/Val_Iva; Istock/Nynke van Holten; Istock/GlobalP; Istock/Andrew_Howe; Istock/letty17; Istock/DrPAS; Istock/GlobalP; Istock/GlobalP
Unité 5 p.50 Istock/FatCamera; Istock/SeventyFour; Istock/SerhiiBobyk; Istock/mediaphotos; Adobestock/Budimir Jevtic; Adobestock/ luckybusiness; Istock/jandrielombard; Istock/LSOphoto; Istock/Milkos; p.51/Istock/hocus-focus; Istock/Pavlo Rybachuk; p.52/Istock/jsnyderdesign; Istock/tupungato; Adobestock/MicroOne; p.53 Istock/Dejan Kolar; p.54 Istock/gbh007; Istock/from_my_point_of_view; Istock/Tijana87; Istock/esvetleishaya; Istock/FRANCOIS-EDMOND; Istock/anna1311; Istock/Piotr Polaczyk; Istock/vlastas; p.55 Dreamstime/Tuncdindas p.57 Istock/TheCrimsonMonkey; Istock/imv; Istock/PicturePartners; Istock/Natasha Logsdon; p.58 Istock/AndyOdo; Istock/farakos
Unité 6 p.60 Istock/tiler84; Istock/DSGpro; Istock/J-Elgaard; Istock/Gregory_DUBUS; Istock/ajma_pl; p.63 Istock/Orbon Alija; Dreamstime/Olena Sushytska; Istock/SasiIstock; Istock/Imgorthand; p.65 Adobe stock/Africa Studio; Istock/MarioGuti; Istock/andresr; adobe stock/Monkey Business; p.67 Dreamstime/Jackq; Istock/Gilitukha; Istock/MesquitaFMS; Wikimedia commons/jeanfrancois beausejour; adobe stock/Web Buttons Inc; p.68 Istock/prill; Istock/perets; Istock/ma1962; Istock/agcuesta; Istock/WesAbrams; Istock/saenal78
DELF p.71 Istock/hidesy; p.73 Istock/JosuOzkaritz; Dreamstime/Jivka Kalinkova; Dreamstime/Cunaplus; Istock/Andrii Pohranychnyi; Istock/belchonock; Adobestock/FOOD-pictures; Istock/ tupungato p.77 Adobestock/HandmadePictures; Adobestock/librakv; Adobestock/SeanPavonePhoto; Adobestock/Timmary; Adobestock/pilipphoto; Adobestock/Valerii Dekhtiarenko; Istock/Jimmybt; Istock/U.Ozel.Images; Adobestock/VIAR PRO studio; Istock/Slavica; Adobestock/andrys lukowski; Istock/syolacan
Autocollants Adobe stock/Galyna Andrushko; Adobe stock/Jakob Fischer; Adobe stock/Gabriele Maltinti; Adobe stock/ Greg Brave; Adobe stock/Kokhanchikov; Istock/czekma13; Istock/gui00878; Adobe stock/ gelilewa; Adobe stock/Photography by APD; Istock/ross1248; Istock/repinanatoly; Istock/AndreaAstes; Istock/DustyPixel; Istock/Sezeryadigar; Istock/pidjoe; Istock/nitrub; Istock/bergamont; Istock/EasyBuy4u; Istock/Dimitris66; Istock/harmpeti; Istock/Turnervisual; Istock/Vitalina; Adobestock/cbckchristine; Istock/Infografick; Istock/Simone Capozzi; Istock/HighImpactPhotography; Istock/RapidEye; Istock/adventtr; Istock/Jaap2; Istock/mipan; Istock/fatihhoca; Istock/John_Kasawa; Istock/HighImpactPhotography

www.emdl.fr/fle

© Difusión, Centre de Recherche et de Publications de Langues, S.L., 2019

ISBN : 978-84-17260-81-1

Imprimé dans l'UE
Réimpression : juin 2025

1 P. 6

UNITÉ **1**

1 P. 12   LEÇON 2

4 P. 13   LEÇON 2

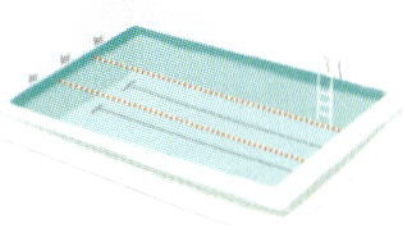

ÉCOLE

CAP OU
PAS CAP ?

4 P. 23 LEÇON 2

CAP OU PAS CAP ?

---

2 P. 34 LEÇON 3

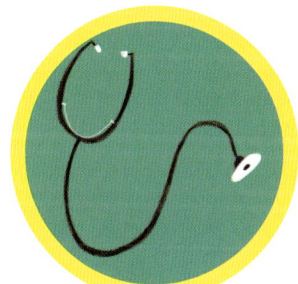

CAP OU PAS CAP ?

2 P. 38 CAP SUR LA GÉOGRAPHIE

L'Everest

La Soufrière

La mer Méditerranée

La forêt australienne

Le Sahara

La savane

1 P. 40 LEÇON 1

1 P. 47 MISSION DÉCOUVERTE

Le lion

La marmotte

Le kangourou

Le coq

CAP OU PAS CAP ?

2 P. 52 LEÇON 2

1 P. 54 LEÇON 3

2 P. 58   CAP SUR LES SCIENCES

CAP OU PAS CAP ?

UNITÉ 6

4 P. 61   LEÇON 1

2 P. 62   LEÇON 2

3 P. 68   CAP SUR LA MUSIQUE

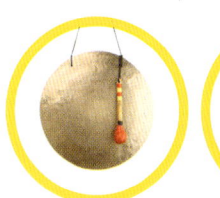 

CAP OU PAS CAP ?

D